ことばと文化をめぐって
外から見た
日本語発見記

中田清一 ✻ 秋元美晴 編

はしがき

　日本のことばとこころの問題は、日本語を母語とする人間はそれなりの理解と認識を持っているが、日本語を母語としない人たちがこの点について考えた場合、どのような認識の差があるのかは大きな課題である。

　このような問題提起は、決して日本語だけに対して行われるものではなく、例えば 2004 年の 10 月から 11 月にかけて、東京外国語大学が「日本語から見た世界の言語：対照研究への招待」という講座を開設した。すなわち、日本語を母語とする人間が外国語を見た場合、その外国語がどのように見えるかという問題も当然あり、上記の課題といわば車の両輪のような関係になっている。例えば、日本語の母語話者にとっては、「私は医者です」と「私が医者です」の違いは特に意識には上らないのが普通であるが、日本語を外国語（あるいは第二言語）として習得する学習者にとっては、この「は」と「が」の差は決して簡単ではない。それは、ちょうど日本語の母語話者が英語を学習するときに、冠詞（定冠詞の the と不定冠詞の a/an）の区別が難しいと感ずるのと同じであろう。

　また、こころの問題は、ことばとの関連において文化という枠で議論されることが多いと思われる。一方、言語と文化は、ある意味においては不可分の関係にあり、それが特に色濃く現れている日本語の慣用表現なども外からの視座で眺めた場合にどう理解されるかということも面白い問題である。

　本書は、恵泉女学園大学の日本文化学科が 2005 年 4 月に日本語日本文化学科に改組されたが、それを記念して、2004 年 11 月 6 日に「日本のことばとこころ―外からの視座」という演題で開催した設立記念シンポに基づいている。

パネリストは韓国の漢陽女子大学教授の柳吉東氏、玉川大学助教授の Sylvie Gillet-Suzuki 氏、青山学院大学講師の Lisa Vogt 氏、早稲田大学講師の胡婉如氏の4名で、司会は青山学院大学名誉教授の中田清一が務めた。4名のパネリストは、それぞれ韓国語、フランス語、英語、中国語の母語話者で、そのさまざまな母語を通して見た日本語および日本のこころと文化について意見を交換した。奇しくも全員が自称詞、対称詞の問題、敬語、授受表現、ことわざ、慣用表現などを取り上げていたのは、日本語においてこれらの項目がそれぞれの母語と際立った対比をなしているからにほかならない。

　上記パネリストのうち、Sylvie Gillet-Suzuki 氏が寄稿を辞退され、その代わりにドイツ、ノルトライン・ヴェストファーレン州立言語研究所日本語学科（ヤポニクム）元学科長ルドルフ・シュルテペルクム氏の「文化とことば―外から見た場合」という1章が入り、さらに、中田清一の「ことばと文化：句語彙項目からの考察」と、当シンポジウムの主催者を代表して秋元美晴の「日本語と英語の身体語彙を含む慣用句」の2章が追加されている。

　本書が、日本語と日本文化をグローバルな視点から改めて考えなおす機会となることを願っている。

　最後に、本書は恵泉女学園大学からの出版助成により刊行されたことを明記しておきたい。シンポジウムの開催および出版にあたっては、恵泉女学園大学の教職員の方々、またひつじ書房の松本功社長や編集の方々に多大なお骨折りをいただいた。ここにお礼を申し上げる。

2006年2月

中田　清一
秋元　美晴

■目次

はしがき

ことばと文化:句語彙項目からの考察	中田清一	1
日本のことばとこころ―外からの視座	柳　吉東	37
中国人の目で見た日本語のこころ	胡　婉如	55
文化とことば―外から見た場合	ルドルフ・シュルテペルクム	75
日本語と英語の身体語彙を含む慣用句	秋元美晴	101
INTERCULTURAL UNDERSTANDING	Lisa Vogt	123

索引　　　　　　　　　　　　　　　145

ことばと文化：句語彙項目からの考察

中田清一

1．序

　ことばと文化に関しては、過去にさまざまな分析がなされているが、句・節（文）のレベルで掘り下げた論考はあまりないようである。そこで、本章では、その点に焦点をあてて考察する[注]。

2．ことばと文化
2．1　文化の概念
　文化はいろいろな意味を持っている。広辞苑による定義の一つに次のものがある。「(culture) 人間が自然に手を加えて形成してきた物心両面の成果、衣食住をはじめ技術・学問・芸術・道徳・宗教・政治など生活形成の様式と内容とを含む。文明とほぼ同義に用いられることが多いが、西洋では人間の精神的生活にかかわるものを文化と呼び、技術的発展のニュアンスが強い文明と区別する。」これは極めて幅のある捉え方であり、ここでの関心事であ

る「ことば」に対する直接の言及はない。

　言語との関連において文化を考えるときには、対照分析の分野でバイブルともいわれた Linguistics Across Cultures を著した Robert Lado を思い出す。因みに、この Lado の本は構造言語学の枠組みで書かれているが、Chomsky の Syntactic Structures が出た 1957 年に出版されたということも言語研究の歴史を考える上で記憶に値する。Lado は、この本の第 1 章に The necessity for a systematic comparison of languages and cultures というタイトルを付け、言語とともに文化も対照することの必要性を説いているが、具体的には第 6 章で文化の定義に触れ、"I assume with others that cultures are structured systems of patterned behavior."（上田明子訳「文化とは型化した行動の構造組織であると想定する点については私はほかの人々と同意見である」）と述べている。また、同章の p.113 では、"Meanings ... are culturally determined or modified. They represent an analysis of the universe as grasped in a culture."（上田訳「意味も ... 文化により限定され、あるいは修正される。それらは、1 文化中において把握された宇宙の分析を表す。」）とも指摘して、文化によって宇宙、すなわち世界、がどう捉えられているかという認識が異なるという見方を示している。

　言語と文化の関係というとき、「言語」と「文化」は接続詞「と」によって juxtapose されているが、これを一つの単位として捉え、言語文化学という領域を研究している研究者もいる。例えば、斉藤武生である。また、森住衛も『言語文化教育学の可能性を求めて』という論集を出していて、筆者の関心事と合致していると言える。このうち、斉藤（1983）『言語文化学事始』（東京：開拓社）は、言語文化という単位の名の起こりについて調査している。このような歴史的考察は筆者の当面の関心の対象からは離れるので深く立ち入らないが、「言語と文化」と捉えるのか、「言語文化」と捉えるのかで、対象がかなり違ってくると認識している。筆者が考察の対象としたいのは一部

の言語表現に反映されている文化に限るのだが、この斉藤 (1983) の中に、筆者の興味の対象と多少なりとも重なっている箇所があるので、少し見てみたい。

　斉藤は、池田弥三郎の『ことばの中の暮らし』という著書に言及し、この本は「日常の慣用句を手掛かりにして日本人の物の見方・考え方を明らかにしようとするもので」あると述べている。さらに、「... 言語文化学が問題にするのはいわゆる『単語』だけではない。語の連結によって生ずる連語の類、とりわけ、成句の名で呼ばれるようなものも問題であるし、文が問題になる場合もある。こうなると、もはや、「語彙」という名は不適当である。」(p. 109) とも述べているが、これも正に筆者の研究テーマである PLI (後に詳述) の一部を指していると解釈できる。また、言語文化研究の具体例としてメタファーを挙げているが、これも PLI の範囲に入ってくる。(cf. pp. 132-137)

2.2　異文化間コミュニケーション、文化言語学

　異文化間コミュニケーションの分野に目を向けると、例えば、Scollon & Scollon (1995) は、グループ間の談話において意味を持ち、談話システムに直接影響を与える次の4つの要素に限定した文化の面を研究対象としている。その4つとは、ideology, socialization, forms of discourse, and face systems (pp. 127-128) である。しかし、コミュニケーションを可能にしている言語の問題に直接言及がないので、ここでは上記の観点からの考察は行わない。

　さらに、ことばと文化を考える上で、最近唱えられているのが文化言語学 (cultural linguistics) であり、Palmer (1996) がその代表例である。この中で、Palmer は人類学の視点から imagery を理論の中心に置き、imagery は "provides a basis for examining a surprisingly wide range of linguistic topics." (p. 4) として、これが narrative、比喩表現のほか語・構文の意味論、談話、そして音韻論に

まで適用できるとしている。この中で本論と関連があるのは主に比喩表現である。

2.3 文化とL2教育

　第二言語（L2）教育の中での文化は、昔から主に文学との関連において大文字で始まる Culture として捉えられてきたが、60 年代頃になると L2 母語話者の生活様式（こちらは小文字で始まる culture と称する）もその対象に加えられるようになった。

　これが、70 年代から 80 年代にかけて、Chomsky が自律的統語部門（いわゆる grammatical competence）を強調したことへの反動として Dell Hymes などが社会言語学の重要性を唱えたため、例えば Canal and Swain (1980) の sociolinguistic competence などに代表されるように、L2 におけるコミュニケーションに社会言語学の考えが色濃く反映されるようになり、社会としての文化、文化としての社会が L2 教育で重要性を増してきた。これは、interlanguage pragmatics（中間言語語用論）という分野で、ポライトネスとか断り、謝罪、依頼、感謝などの発話行為の表現の仕方が、例えば日本語と英語でどのように同じで、どのように異なるかなどの研究にも現れている。この分野では、母語の文化的背景が対象言語（target language）に転移されるとする報告（例えば、大橋（1999））がなされている。すなわち、L2 学習者が目標言語でのコミュニケーションにおいて L1 の社会文化的規範を直接 L2 に持ち込むことがあるという考えである。この意味で、社会・文化と言語は密接な関係をもち、L1 から L2 への影響（crosslinguistic influence）がかなりあるという認識が高まった。但し、中間言語として取り出さずに、第二言語の枠組みの中で論じられるように研究の形態は徐々に変化してきている。これも広い意味での文化と L2 教育の関係を示している。

このような動きの延長線に、文化能力は言語能力の一部であり、従って文化は L2 教育の重要な目標の一つであるという指摘がなされるようになってきた。1996 年にアメリカで出された Standards for Foreign Language Learning（いわゆる National Standards—外国語学習基準）が、あらゆるレベルの L2 教育の基準となるものとされた。このスタンダードは、従来の Listening、Speaking、Reading、Writing の 4 技能の代わりに (1) Communication（言語伝達）、(2) Culture（文化）、(3) Connections（連携）、(4) Comparisons（比較対照）、(5) Communities（地域社会）という C で始まる 5 つのキーワードを L2 教育のターゲットとして掲げ、その中に Culture が明示的に入れられたことは、特に注意すべきことと考える（訳語は牧野 2003 による）。

このスタンダードによると、文化はそれぞれ P で始まる 3 つの要素から成り立つとする。それは、Perspective（観点）、Practice（慣行）、そして Product（完成品）である。（牧野 2003:4）

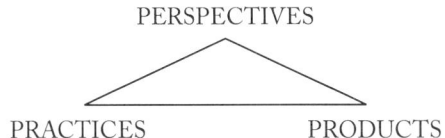

牧野は、また、「文化は言語と同じく普遍的な大部分と、様式的に個別的な小部分とからなっていて、前者は先天的で、後者は後天的であり、生まれてから学習している部分であろう。外国文化学習者にとって本当の意味で学習しなければならないのは文化の様式的個別性である。」(p. 11) と述べているが、このように文化にも普遍的な面と個別的な面とがあるという視点は次の点で重要な意味をもっている。それは、文化の反映としての定形表現（PLI—後に詳述）にも普遍的なものと言語個別的なものとがあるということを示唆しているからである。牧野は、以上に関連して、a theory of second culture acquisition（第二文化獲得理論）といういう新しい研究分野を提案して

いるが、これを PLI の遠近法で見てみるのも面白い試みであろう。L2 教育の問題に関しては、PLI との関係で後に再び触れる。

3．句語彙項目（PLI）
3．1　PLI の実体

　そこで次に、このような観点から捉えた文化、すなわち日本語・英語という言語に表れている文化の要素、に焦点を当ててみる。単語としての語彙は別として、文化的要素が特に顕著に表れるのはことわざとか慣用句（イディオム）とか決まり文句などの定型表現である。これらは、特定の地域社会において日常よく用いられる表現が句として、あるいは節（文）として固定したものであり、言語生活のあらゆる場面に顔を出しているが、特に新聞や雑誌などの文章には頻繁に出現する。

　われわれは、母語においては、ほとんどの場合何を聞いても分かるし、何でも話せる。このように、ある表現を聞いてそれが理解できるというのはどういうことなのだろうか。この、話者の言語能力の解明は現代言語理論の大きな課題の一つであって、生成文法も、認知言語学も、その他の言語理論もすべてこの問題に取り組んでいる。

　ある表現を聞いて理解するということの例として、以前、アメリカで日本語を教えていたとき授業の中で出てきたテレビドラマの台詞の一部を見てみよう。「宅は在職中にたびたび転勤させられてしまいまして大変苦労いたしましたわ。」学生は、まず「宅」が分からなかったので、そこでつまずいて残りも分からなかった。次に、「転勤」をためしに「きんてん」と発音してみると、もちろん理解できた学生は一人もいなかったが、これは当たり前である。「きんてん」という動詞は「均霑する＝等しく利益にうるおう」という語はあるものの、あまり一般的ではないからだ。この事実から、語彙が分

からなければ文全体の理解に支障があるということが言える。それでは、語彙知識があれば十分なのであろうか。もし語彙の知識だけで文が理解できるのであれば、次の２つの英語の文の意味の差は説明ができない。

（1）The hunter killed the bear.（狩人が熊を殺した。）
（2）The bear killed the hunter.（熊が狩人を殺した。）

　この２つの文には全く同じ単語が使われているが、語順が違うので文の意味が反対になるのである。語順は文法の極めて重要な概念である。ちなみに、上で出した日本語の文の「～させられてしまいまして…」の箇所は、「使役」、「受身」、「て形」などの文法項目である。それでは、語彙と文法の知識があれば文の理解は十分にできるのであろうか。答えは否であり、語用論（pragmatics）や談話（discourse）などの知識も要求される。しかし、文を解釈するときの基本として語彙と文法が不可欠であることは自明である。そして、語彙を広く解釈して句・節（文）も含めると、文化の要素が密接な関係をもつことになる。

　ここで、われわれの日常生活を考えてみると、日本語や英語の新聞・雑誌、あるいはテレビ・ラジオに、単語より大きい単位の表現が多く出てくることに気が付く。筆者が集めた資料の中から日本語と英語の例をいくつか紹介する：

（1）カラス散らかす、ヒト声からす
（2）コケ生えぬ４人組
（3）かゆいところに「毛」が届く
（4）一魚一会
（5）首相メール成功　二匹目ねらえ！
（6）犬の手増やします

（7）やれ打つな、ゲーム禁じる、削除する

（8）月がとっても近いから

（9）大阪市、水に流せぬ配管ミス

（10）『猫の目』小泉政策、ペイオフ、税制改革…次々見直し

（11）財務省"閉まり"なく…キー紛失1ヶ月放置

（12）水に流すな大学生起業、ティッシュで広告大作戦

（13）ファン感激『観劇バス』浅草発、茨城観光へ

（14）住商、高騰バナナ利益たわわ

（15）68枚のうち1枚どこで「道草」漱石の草稿、紛失していた

（16）ちっちゃいブタ　トントン拍子

（17）「総理、お神酒を3杯ぐっとどうぞ」「どうして」「駆け付け参拝」

次に英語の例を見てみよう。

（1）A cuppa a day keeps the doctor away.

（2）More than meets the nose: Nonsmokers little-served by air purifiers

（3）Beef scam—more than meats the nose (created by the author)

（4）No snoozing as Australia holds sheep-counting competition

（5）Yemenis like to let khat out of the bag

（6）Slow and steady win the dispersal race

（7）Shift into Lowe gear

（8）Why skating is on thin ice

（9）Three's company

（10）Rite of (exam) passage

（11）The sun also sets

（12）Protecting all nine lives

（13）Uncle Samurai

（14）Basking in the limelight

（15）Gourd Almighty

(16) Two for the road
(17) Brush with royalty
(18) Deeply 'thymbolic'
(19) No stone unturned
(20) Hold your horses
(21) Major move
(22) Won by a nose
(23) Does *he* have what it takes?

われわれはこのような表現に毎日のようにどこかでお目にかかっているのだが、その意味解釈に特に苦労することはない。そして、その意味が分かるのも、上で述べた単語の意味が分かるのと同じように、われわれの言語能力によるものである。これらの表現が言語を構成する要素（形態素、単語など）から成立していることは紛れもない事実である。このような表現は言語の知識というよりは百科事典的知識であるという批判がある。しかし、百科事典的知識、常識とは、例えば富士山の高さが 3,776 メートルであるというような知識であり、「一魚一会」が「一期一会」のもじりであるといった問題とは別物である。後者はあくまでも言語の問題であるので、これを言語研究の問題から排除して、常識の世界であるとして片づけるわけにはいかない。そして、上で指摘したように、これらの表現には文化的要素がいろいろと含まれている。中には、実に「日本語的な」表現であるという印象をもつものも入っているし、(駄)洒落 (pun) のような表現もかなり含まれている。ヨハン・ホイジンガ（Huizinga）が Homo Ludens（遊ぶ人間）という表現を使っているが、この ludic aspect of language（言語の遊びの側面）[平賀正子 p.c.] は、言語の周辺部にのみ存在しているのではない。この部分も文化によって色濃く影響を受けていると思われる。もちろん、言語を超えて作られる cross-linguistic puns もありうる。このような表現を理解するためには単語と文法の知識だけでは不十分であり、筆者が template と呼んでいる「下敷き」とな

る表現を知らなければならないことが多い。そして、それらの表現の中には日本語なり英語なりの基盤となっている文化の側面が顔を覗かせている。その意味において、単語と文法から意味が相対的に透明な「宅は在職中にたびたび転勤させられてしまいましてとても苦労いたしましたわ」とは性質が異なる。当該表現は、また多くの場合全体の意味が必ずしも単語の意味の総和ではないという点で非合成的（non-compositional）と言われるイディオムやことわざの類も多く含んでいる。

　上で触れた日常生活にたくさん出てくる単語より大きなまとまり（フレーズ、節・文）の表現をもう少し詳しく見てみよう。例えば、朝日新聞に「『猫の目』小泉政策」という見出しが出たことがある。日本語を第二言語とする学習者に、これが直ちに理解できるであろうか。因みに、英語に直訳したcat's eye は "a semi-precious stone, especially chalcedony（玉髄）, with a chatoyant lustre（猫目石）" であり、広辞苑の、「猫の目」とは「猫のひとみが明暗によって形がかわることから、常に変化しやすいことの形容語」という説明とは全く意味が異なっている。すなわち、猫を使って変化を表すというのは日本文化が具現したケースの一つ（an instantiation）といえるのではないか。

　以上のような慣用表現は、英語にもまた数多くある。中でも、kick the bucket = die は有名である。これは、英語の文化がその基礎になっている。佐藤（2001）によれば、このイディオムは、（A）自殺を図ろうとする人が、伏せたバケツの上に立ち、梁（はり）からつるしたロープに首をかけ、このバケツを蹴ることから、（B）畜殺した豚の足を縛り、梁（bucket）に逆さに下げる。この時、豚のあと足がこの梁を蹴る格好になることからこの表現が出てきたと説明している。次に、小泉総理が登場した TIME 誌の表紙に DOES *HE* HAVE WHAT IT TAKES? というキャプションがあった。この表現は、have、what、take というそれぞれの単語を知っていても、「（ある目標を達成するのに）不可欠なもの（才能など）をもっている」という意味には

なかなか到達しない。ためしに大学生に確かめてみたが、正解者は少なかった。こちらの方は、特に英語文化と言えるものは認定できないであろうが、このような表現は、いわゆる English as an International Language（EIL = 国際言語としての英語）の表現としても許容しなければならない表現である。しかし、kick the bucket は EIL には入れたくない。この EIL と文化の関係については後ほどまた触れる。

さらに、ジャパンタイムズに出た記事の見出し More than meets the nose: Non-smokers little-served by air purifiers の下線部を例にとってみると、There is more to... than meets the eye（見かけ以上のものが…にはある；裏には複雑な事情が隠されている）という表現を知らない学習者は、more than meets the nose の意味は分からない。辞書を引くと eye の項目に上記の説明が出ている。この表現の意味を確認してから meets the nose をもう一度見てみると、それが「ひねり」であることが分かる。しかし、"Beef scam—more than meats the nose"（Nakada 2003a）になると、meat を引いても nose を引いてもこの表現は分からない。英語母語話者なら悪い洒落だとすぐ分かる。これは、meet the eye を二重にひねってあるわけだ。この meet the eye という英語の表現も、eye contact を会話・対話の重要な要素としている英語文化の反映と考えられなくもない。

次に、日本語の例「月がとっても近いから」を理解するためには、その基となっている「月がとっても青いから遠回りして帰ろう」（菅原都々子）という歌の文句を知っていなければならない。

さらに、収集した資料の中に "skating on thin ice" という表現があったが、これは Glucksberg（2001:73）[Chapter 5 Idioms: From Metaphors to "Just Long Words"?] が quasi-metaphorical idiom と呼んでいるもので、メタファー（figurative language）ではあるがその意味は構成的でありかつ transparent（透

明）である。このようなイディオムは逐語的な指示対象を持っているので、特定の文化に密着していることが多い。例えば、"carry coals to Newcastle（石炭をニューキャッスルへ運ぶ）"は「余計な事をする」という意味であり、Newcastle が炭坑の町であることを知らない人には意味が不明である。従って、その場合は意味が opaque（不透明）であり、この表現は丸ごと暗記しておかねばならない。

Jackendoff (1997:pp.153-154) は、英語のこのような決まり文句、定形表現を The Wheel of Fortune というテレビ番組の corpus に照らして観察し、その数が単独の単語にも負けないほど多く存在することを報告している。この表現の中には、例えば、compounds (frequent flyer program)、idioms (they've had their ups and their downs)、names of people (Clint Eastwood)、of places (Beverly Hills)、of brands (Jack Daniels whisky)、and of organizations (New York Yankees)、cliches (any friend of yours is a friend of mine)、titles of songs、books、movies、and television shows (All You Need Is Love)、quotations (a day that will live in infamy)、and foreign phrases (c'est la vie)) が含まれている。そして、If they aren't lexical, what are they? という修辞疑問文を発することによって、これらの表現がやはり lexical（すなわち語彙の問題）であると結論づけている。そこで、このような表現を Jackendoff に倣って句語彙項目（Phrasal Lexical Items = PLI）と呼ぶことにする。

このようなイディオムの多くは、その意味が文化に「埋め込まれて」いると翻訳理論の専門家たちは考えている。(cf. Glucksberg) そのもう一つの例は "go to bat for"（人を支持［援助］する）である。これは、野球、特にピンチヒッターの役割についての知識がない人にとっては不明であり、また、Catch-22（八方ふさがりの状態、ジレンマ）もアメリカの作家 Joseph Heller の小説（1961）で、狂気なら戦闘を免除されるが、狂気の届けを出すと正気と判定されるので、いずれにせよ戦闘参加となるジレンマが生じるという内

容に不案内な人にとっては不透明である。

　このように、ある文化に密着していてその文化圏の外の人間には理解ができない表現の例が、筆者が毎年参加している言語研究セミナーでも出てきた。その例は、"If there is a drought like this year, the eggs remain dormant." というものである。単語はみんながよく知っているものばかりであるが、この文の意味は極めて不透明であった。セミナーが終わってしばらくしてから、参加者の一人がこの問題を調べてくれた。そして、この eggs とは南米とアフリカに棲息するメダカの一種である killifish とか topminnow という熱帯魚のものであり、干ばつが続くとその魚の卵がふ化しないという意味であることが判明した。

　また別の例が、Newmeyer（1986）に出てくる。以前、生成意味論という文法理論が盛んであったときに、英語の母語話者でさえも理解できない英語の文が使われたことがあったのである。その文とは、"It is said that the tacos Judge Bean won't go for." である。これはアメリカ英語の話者が書いたもので、理解できなかったのはイギリス人である。tacos は taco の複数でメキシコ料理であるがアメリカでもポピュラーであり、Judge Bean は Roy Bean（1825-1903）のことで、テキサスの判事としてアメリカでは有名であった。Newmeyer は、"It is said that the oranges John won't ask for." という文を使ったとしたら、誰にでも理解できたし、また理論的な主張もいささかも減ずるところがなかったはずだと結んでいる。

　今見たような表現はある文化に過度に依存しているために、その文化に馴染みがない人にとってはコミュニケーション不全を引き起こしているわけだ。従って、このような表現は kick the bucket と共に国際言語としての英語の表現としては極めて不適切である。他方、どのような種類の EIL であっても理解できなくてはならない PLI もたくさんある。例えば先に挙げた

DOES *HE* HAVE WHAT IT TAKES? の "have what it takes" である。この相互理解不全の問題と文化の問題と PLI とは重要な関係があると思う。

McKay（2003）が指摘しているように、"on a semantic level, culture is embedded in many of the lexical phrases of English." である。彼女の例は、'big stick diplomacy（政治・経済・軍事的威圧外交）'、'yellow journalism（扇情的ジャーナリズム）'、'the Big Three（ハーバード、プリンストン、イェールの3大学）' のようなものであり、これらも確かに PLI's であるが、どちらかというと一般語彙に近い。

考えてみると、イディオムとかメタファーには頭とか手などの身体部分（body parts）に関するものもたくさんあり、これは universal であると思われるが、ここで、三宅（2004）「フィリピン英語にみられるボディー・パート・メタファー（BPM）の理解度調査」に言及しておきたい。

三宅（2004）は、フィリピン英語の BPM である次のような表現を選びだし、日本語の母語話者の理解度を調査した。

(1) I can't believe that he is <u>dark-blooded</u>. He looks the very good person.
(2) I have <u>a sore intestine</u>. Why don't you have lunch right now?
(3) I couldn't sleep well last night because there was <u>a mouse in the chest</u>.
(4) My parents <u>stretch the bone</u> for a living late at night.

その結果、1と2は点数が高かったが、3と4は点数が低かったと報告している。因みに、下線部の意味は、(1)an evil or bad person、(2)hungry、(3)worry、fear、(4)to work hard である。これに基づいて、三宅は、BMP は恐れられているほど理解度は低くないという結論を出している。これらの表現がどのようなフィリピンの文化（例えばタガログ語の表現）をベースにしてい

るかは分からないが、言語と文化を論ずる場合には、このようなメタファーに注意してみる必要がある。

3.2 国際言語としての英語（EIL）

上で少し触れた国際言語としての英語（EIL）の問題の一つに、いわゆる intelligibility の問題がある。これは、comprehensibility とか interpretability といわれることもあるが、厳密には同じものではない。すなわち、例えばフィリピン英語を使って発信した場合、その発話の中にローカルな表現があると、そこで理解不全を起こすかもしれないという問題である。

異なった種類の EIL 話者がコミュニケーションをするとき、お互いに完全に理解できるかどうかということで、今までの研究は、その異なった種類の言語的特徴、それも音韻（音声）、形態素、語に集中しており、統語面では、Yano（2001）の指摘によると、付加疑問文、yes-no 疑問文などに限られているようだ。語用論、談話といった領域ではより一般的な第二言語獲得研究の分野が EIL に広がりはじめた段階のように思われる。しかし、McKay（2003）などが formulaic language と呼ぶ PLI に関しての考察はほとんど無いに等しい。例えば、bending over backward to please, take the horse to the river, throw the baby out with the bath water, While the cat's away, the mice will play. などの表現は、どのような種類の EIL 話者であってもそのメンタルレキシコンの必須部分を成しているものと考えられ、英語教育ではこの点に留意することが大事である。もちろん、ある原則に基づいて、教えるべき項目とそうでない項目に峻別する必要があるが、この点についての研究はまだ見るべきものがない。

Yano（2001）は、シンガポール英語の acrolect（=high), mesolect（=mid), basilect（=low）の３つのレベルに言及しているが、国際言語としての英語では、地域の境界を超えて用いられる acrolect のみに対象を絞り、他の２つの

種類は地域内コミュニケーションのためにそれぞれの文化要素を色濃く反映しているため、EILの対象にはならない。日本語のPLIを英語に直訳した次の表現（三宅2004）もこの意味で理解不全をもたらすであろう。

　wear or put on a cat（猫をかぶる=play the hypocrite, pretend or feign innocence）、a hand sticking out of the throat（喉から手が出る=want something very badly）、the time to show the arm（腕を見せる=display one's skill, give full play to one's talent）、take off my skin（一肌脱ぐ=lend someone a helping hand）、grind sesame（胡麻をする=flatter）、etc.

　PLIは連続体をなしていて、筆者が上で出した例はいずれも国際的な場面で頻繁に使われるので、覚えておく必要があろう。

　また、国際言語としての英語については、Smith（1976）において次のように主張がなされている。
（1）An international language becomes denationalized.（国際言語は国から離れたものになる。）
（2）The purpose of teaching an international language is to facilitate the communication of learners' ideas and culture in an English medium.（国際言語を教える目的は学習者の考えと文化を英語という手段で伝えるのを促進することである。）
（3）There is no necessity for L2 speakers to internalize the cultural norms of native speakers of that language.（L2話者がその言語の母語話者の文化的規範を内在化する必要はない。）

　この最初の2点については問題はないのだが、3番目については異論がある。これは、"internalize the cultural norms"という表現の解釈にもよるのだが、もし文化的要素を学ぶという意味にとるなら反論があり、英語のpart and parcel（本質部分）としての表現の中に出てくる文化的要素はやはり習得しておかねばならないだろう。日本語の母語話者が、ある程度の慣用表現を用

いないと日常のコミュニケーションができないように(そして、母語話者はいかに定形表現を頻繁に用いていることか!)、英語母語話者も効果的なコミュニケーションのためには慣れ親しんだ表現を使わないわけにはいかないであろう。この点は現在研究中であり、また別の機会に論じたいと思う。

いずれにせよ、われわれにとっての課題は、PLIには必然的に文化的要素が関係していることが多いことを再確認し、それがメンタルレキシコン(頭の中にあると考えられている心の辞書)の極めて重要な位置を占めていることを認識することである。従って、英語教育において、PLIをもっと強調しなければならない。さらに、PLIが連続体を成しているという事実に鑑み、あまりにもローカルな表現として除くべき表現と、英語を英語たらしめている重要な表現、英語の part and parcel とを整理、峻別しなければならない。これはまだ成されておらず、急務である。これに関して、McKay(2002:86)は次のように述べている。

" … a difficult question in EIL teaching is to define the parameters of global as opposed to local lexical knowledge. One principle may be that the more locally used the lexical item and the lower its frequency, the less likely it will be needed in the use of EIL."

最近の、コーパス言語学を駆使して PLI と英語教育の有機的な連携を進めていく必要性を指摘しておきたい。

3.3　PLIの諸相

ここで、PLI の別のケースを見てみよう。次の例は筆者がアメリカで日本語を教えていたときのものであるが、あるとき、教科書に「腹を立てる」という表現が出てきた。その意味と使い方を説明した後で、宿題として次のクラスまでに、この表現を使って作文を書いてきなさいと言った。

次のクラスになって、学生の作文を集めて見てみると、何と、「私がまだ小さかったとき、ある日曜日にお昼まで寝ていましたら、父がとてもお腹をお立てになりました」という文があった。「腹を立てる」のような慣用句はその形がいわば凍結していて内部を動かせないので、敬語の中で使うのはおかしいのだが、それを注意しておかなかった教師の責任もあって、上で見たような結果が出てしまった。

　ここで問題となるのは、このような表現は「腹を立てた」と過去形（あるいは完了のアスペクト）で用いることはできるが、「お立てになる」にはならないということである。このような区別が日本語教育、英語教育で十分教えられてきているだろうか。答えは no だと思われる。

　また、清泉女子大学で開催された言語研究のシンポジウムで、ある日本語非母語話者が日本語で講演をしたが、その中に「虹の向こうに金の壺を見つける」のような部分があった。これは、実は、the pot of gold at the end of the rainbow（どんなに探し求めても手に入れることができない富、かなわぬ夢）を下敷きにした表現であった。日本語で話をしているので日本語の monolingual の人にも理解されるはずであったのにも拘わらず、この表現は理解されなかった。このような表現は EIL からは省くべきであろう。

　次に、翻訳の分野からの考察である。『翻訳の方法』（東京大学出版会）の中で、山中桂一氏は Paul Claudel というフランスの詩人の短歌の和訳について述べ、

　　夕焼けの空を
　　からすが西へ飛んで行く
　　何だ、何だ、何だ。

この「何だ」が分からなかったのだが、何十年か経ってクローデルの原詩を見て、ハタと合点が行ったとのこと。「何だ、何だ」のところがフランス語では Quoi! Quoi! Quoi!、つまり [kwa, kwa, kwa] となっていて、疑問詞としての意味とともに音声がオノマトペアとしてカラスの鳴き声としても解釈できる仕掛けがあったことに気が付いたということである。これも、擬声音、擬態音の問題であり、言語の文化の側面を考えさせる episode である。

また、日本語には動物に関するイディオムも数多く存在する。その中から、猫に関するイディオムを見てみたいが、これらは日本語の文化というべき要素を含んでいる。すなわち、日本語の表現としてはこう言うけれども、英語ではこうは言わないということである。例えば、

(a) 咲子は初めて彼の両親に会って、借りてきた猫のようだった。
(b) 真智子は面接でずっと猫をかぶっていた。
(c) 今では、猫もしゃくしも携帯をもっている。
(d) 智子にショートケーキを預けたなんて猫に鰹節だよ。
(e) あの子に歌舞伎の切符をあげるなんて猫に小判だ。
(f) 今度、猫の額ほどの土地を買った。
(g) 朝早くその広場へ行ってみたが、猫の子一匹いなかった。
(h) 彼の方針は猫の目のように変わるのでついていけない。
(i) 今、ぼくは猫の手も借りたいほど多忙だ。
(j) 玲子は太郎を猫かわいがりしている。

これらの表現には、例えば「猫」という名詞と「かぶる」という動詞の意味を知っていても、「猫をかぶる」の意味は分からないという特徴がある。ためしにこれを英語に直訳して wear a cat あるいは put on a cat と言って、英語話者に理解されるであろうか。答えは no であろう。この点では、英語のイディオム kick the bucket も同じであり、そのままの形で記憶されている、

即ちメンタルレキシコンに入っているものと思われる。因みに、*Kodansha's Dictionary of Basic Japanese Idioms* は、「猫をかぶる」の訳として、"dissemble, feign (put on an act of) ignorance or innocence: be a wolf in sheep's clothing" を挙げている。

次に、ここで、「いたんだ子ども」という聞き慣れない表現について考えてみる。日本語を学習している学生が書いたものである。どうしてこのような表現を使ったのだろうか。以下、その謎解きである。外国人に対する日本語教育の初期に広く使われていた教科書に、Eleanor Harz Jorden（著）の *Beginning Japanese*, Part 1 and Part 2. Yale University Press というテキストがあるが、その Lesson 14 Eating and Drinking に次のダイアローグがある。

(c)（Smith and Yamamoto meet on the street）
Yamamoto: スミスさん、青い顔（を）して（い）ますよ。どうしましたか。
Smith　　: 夕べ銀座で海老の天ぷら（を）食べましたが、いたんだ海老だったから、病気になりましたよ。
Yamamoto: いけませんねえ。
Smith　　: 薬を飲みましたが、まだ治りません。
Yamamoto: お大事に。

ここで、「いたんだ」に対して "become spoiled" という訳語が与えられている。そして、「いたんだ海老」は "spoiled shrimp" となっている。広辞苑では、この意味の「傷む」を「腐る」と定義し、「傷んだ果物」を例として挙げている。ところで、英語の spoil という動詞は「人を甘やかしてだめにする」という意味もある。コウビルド英英辞典には、If you spoil children, you give them everything they want or ask for. This is considered to have a bad effect on a child's character. とあり、Grandparents are often tempted to spoil their grandchildren whenever they come to visit. という例を出している。従って、a spoiled child なら「わがままっ子」という意味になる。

　あるとき、クラスで、「いたんだ」という表現を使って作文を書く宿題を出したら、学生が書いてきた文の中に次の文があった。
　「あの人は一人っ子なので、いたんでいます。いつもお金をたくさん使って遊んでばかりいます。」すなわち、「親がその子を甘やかして育てたのでわがままになった」という内容を書きたかったのであるが、そういう意味には解釈できない日本語の文ができてしまった。

　同じような例に、「日本では最近少子化が社会問題となっているが、そのせいかいたんだ子どもが多いように思える。」がある。これも同じ理由で生まれたものであるが、日本語としては理解不全となる。

　次に Pawley and Syder（1983:196）の研究を考察する。この2人の研究者の研究課題は、母語話者がいつも文法的で、同時に自然でイディオマティックな表現を使ってコミュニケーションができる能力、すなわち nativelike selection とはどういう内容なのかを探ることと、前もってあるいは話している最中に新しい文を作り出すための能力をはるかに超えるような流暢で無意識の発話が母語話者に可能なのはなぜなのかという nativelike fluency の内実に迫ることの2つである。以下、このうち第1の課題についてのみ考察する。すなわち、母語話者は、(a) から (h) までが文法的に許容できる文であるにもかかわらず、I want to marry you.（あるいは Will you marry me? ―筆者）を用いる。

　(母語話者の選択) I want to marry you.
　(a) I wish to be wedded to you.
　(b) I desire you to become married to me.
　(c) Your marrying me is desired by me.

(d) My becoming your spouse is what I want.
(e) I want marriage with you.
(f) What is desired by me is to wed you.
(g) I , who am speaking, want to marry you, whom I am addressing.
(h) It is my wish that I become married to you, etc. etc.

　これらの文からどのような一般化ができるのであろうか。この事実を説明するためには、母語話者は文を規則によって生成することに加えて、上で見た PLI の知識を使うとしなければならない。従って、言語理論は、生成文法で言うところの the principle of parsimony（吝嗇(りんしょく)の原則）を廃棄して、文法規則と PLI の両方を説明できる理論にしなければならない。すなわち、我々の頭の中にある辞書、メンタルレキシコンには単語だけでなく、句（節あるいは文も含む）も入っているとするのである。例えば、英語母語話者が、「結婚の申し込みをする」場合に、文法規則を使ってさまざまな表現を用いることができるのにも拘わらず I want to marry you. しか使わないということは、この表現が native selection（すなわち英語母語話者が常に用いる文）の例であり、文法規則を使って生成した output（文）と一見何ら変わったところがないが、実はそのままの形で記憶されていると考えなければならない。記憶されている表現の集合、つまりメンタルレキシコンの中身は、non-compositional（非構成的）な表現、例えば by and large, by dint of, kick the bucket のようなイディオムはもちろんのこと、文法を用いて生成することもできると考えられる、compositional（構成的）な表現も含んでいると考えるわけである。生成文法のレキシコンとは、もともとほかから予測できない idiosyncratic な情報のみを収納する場所と考えられてきたが、その意味では、by and large は定義に合うが、I want to marry you. は合わない。しかし、話者の頭の中での処理を考慮に入れると、この文が全体としてメンタルレキシコンに収納されているとしなければならない（cf. Bybee 1998, 門田 et al., 中田 2005）。

これら PLI の言語獲得における位置については、すでに中田（2002a, b, 2003）などにてさまざまな先行研究を考察した結果、PLI は実に重要な役割を果たしていることが分かったが、これについて次に述べる。

4. 言語獲得における PLI の機能

筆者が句語彙項目と呼ぶ言語単位については、今まで、多くの研究者が言及しているが、言語獲得におけるその機能についての考察はあまり多くない。そこで、そのいくつかを見てみることにする。それぞれの引用箇所に続く日本語の解説は筆者のものであり、必ずしも翻訳というわけではない。

(1) Pawley and Syder (1983)
"The number of memorized complete clauses and sentences known to the mature English speaker is probably many thousands. Much more numerous still, however, is a class of phraseological expressions each of which is something less than a completely specified clause." (p. 205)
"Possession of a large stock of memorized sentences and phrases simplifies his task … Coming ready-made, the memorized sequences need little encoding work." (p. 208)
" … by far the largest part of the English speaker's lexicon consists of complex lexical items including several hundred thousand lexicalized sentence stems." (p. 215)

この研究者はすでに上で言及したが、上記引用の主旨は次のようなものである。母語話者は文法規則から生成される文だけでは説明のつかない言語知識を持っており、それは全体として記憶されている非常に数の多い句ないしは文（節）からなる表現、すなわち筆者が PLI と呼んでいる表現、の知識である。しかし、だからと言って言語の創造性（creativity）がないがしろに

された訳ではない。丸ごと暗記されているものは、発話する際にそれを一々規則で生成する必要はないということである。

(2) Peters (1983:2)
"Evidence has been accumulating ... that normal adult speakers actually store and call into play entire phrases that may be many words long—phrases that are not constructed from their ultimate grammatical constituents each time they are used ..."

大人の母語話者は、単語から文法規則で作り出されたとは考えにくいPLIを記憶に蓄え、それを呼び出して使っているという証拠がたくさんある。

(3) Widdowson (1990:91)
"In view of this complementary relationship of grammar and lexis, it is not surprising to find that there are units of meaning which are intermediary between lexical words and grammatical structures, the existence of which again indicates that there is a continuum between these levels of language. Such units are sentence-like in that they are syntactically combined sequences of words but they seem to be stored in the mind ready for use as preformed unitary items, like words, already assembled for immediate access. They are, therefore, formulaic in character and although they may call for some adaptation for contexual fit they are not composed on each occasion from constituent components by the application of syntactic rules."

コミュニケーションは、多くの場合、単語をオンラインで組み立てて行うのではなくて、PLIを使うのだという証拠がある。これは、文法と語彙とが相互補完的な関係にあることを考えれば驚くにあたらない。この2つの部門は連続性が認められる。PLIは、単語の統語的連鎖という意味では単語では

なく句または文の性格を持つのだが、単語と同じように頭の中に記憶されていて、そのままの形でアクセスされる。

(4) Wray (2002:131)
"As a result, many word strings would remain unanalyzed for a very long time, even forever... These sequences would pass directly from the child's early experience into its adult system without ever being broken down."

　大人が PLI を母語獲得において分析をせず丸ごと記憶している現象について、それは子供が needs-only analysis、すなわち必要がある場合にのみ分析を行うという原理を使っていて、分析する必要がないものはそのまま覚えて大人になるという考えである。これは、「ウサギ追いしかの山…」を考えれば納得がいくことである。すなわち、「ウサギ美味し」と誤って解釈していて、あるとき、ハッと気がつくということがある。

　PLI がどのように言語使用者によって獲得されるかに関しては、L1 の場合は、Wray (2002:133) Fig. 7.1（次頁）にあるように、Phase 1 は PLI によって特徴付けられているが、それが Phase 2 になると分析的（すなわち統語規則を使うよう）になる。しかし、Phase 3 から徐々に PLI 使用が上昇し、Phase 4 になると、分析的文法がフルに稼働するのと同時に PLI もその使用がかなりのレベルまで回復している。Phase 2 において分析的モードが優勢になってきたのは、読み書き能力の発達によって影響を受けているからであるとされる。

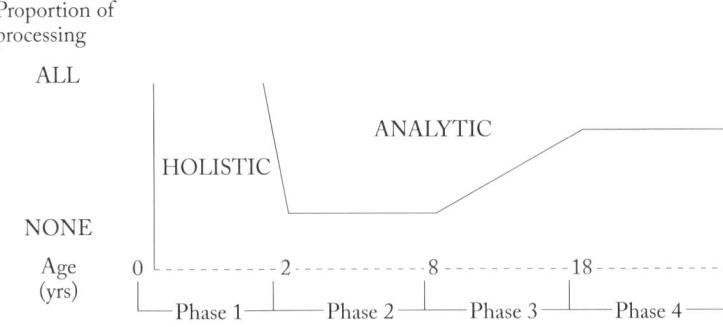

The balance of holistic and analytic processing from birth to adulthood.

(5) Weinert (1995:199)

"Of special interest in relation to SLA is the notion that particular statements as well as general rules are stored, and especially that the particular statements may be the basis for analysis. Viewing language as a formulaic-creative continuum also allows the inclusion, near the formulaic extreme, of sequences where there is an awareness of word boundaries but no immediate further analysis into categories or structure. <u>It may be that adult learners in particular benefit from linearly stored word sequences</u>.（emphasis added）

　PLIも文法規則も記憶されているが、特に重要なことは前者が分析の基礎になるということである。言語はPLIと創造性との連続体であり、PLIの性質を強く持っている表現には、どこからどこまでが1つの単語かという意識はあるものの、それ以上は範疇とか構造とかに分析されないものがそのままの形で記憶されている。これは冒頭で触れたIt's still the code.における筆者の主張と軌を一にする。特に大人のL2学習者はPLIを記憶しておくことが有益であるという意見である。

　また、これに関しては心理言語学の分野からのsupportがある。

(6) Steinberg (1982:122)

この著作は、筆者のいう PLI に言及し "Familiar phrases like ... *bread and butter*, and familiar sentences like *Mary had a little lamb*... undoubtedly are stored in memory in their entirety as a lexical item like dog or eclipse. There is no reason to suppose that such sentences need to be created in the way that novel sentences must be. Rather, given that one wishes to express the meaning of one of these stock items, no grammar rules need to be applied. In memory, the appropriate phonetic representation will be stored directly with the meaning just as it is for morphemes and idioms... Such storage could help to explain how it is that familiar sentences are easier to produce and understand than unfamilar sentences." (bread and butter とか Mary had a little lamb. のような PLI は dog とか eclipse のような単語と同じように記憶されていて、これらの表現は全く新しい文を生成するような方法で作り出されていると考えなければならない理由は全くない。これらの表現を伝えるためには文法の規則を使う必要はない。この表現の音声表示は、形態素などと同じように意味とともに頭の中に記憶されていて、このことが我々に馴染みのある表現はそうでない表現と比べて産出、理解しやすいという事実を説明する) と述べている。

更に、"...familiar phrases and sentences may provide a basis for the processing of novel phrases and sentences which are similar to them."

「PLI はその表現と類似している新しい表現を処理する基礎を与えると考えていい」として、置き換えによって PLI がいつでも自由に使える状態になっていると指摘している。そして、文法規則を使ってそのような表現を生成するよりレキシコンの中を検索してそれらを探し出す方が時間が少なくてすむとも指摘し、そのアクセスの速度は個々の単語（cat とか dog のような語彙項目）へのアクセスの速度とほぼ同じであると述べている。以上で、言語獲得（L1・L2）における PLI という単位の重要な機能についての考察を終わる。

5．L2（外国語）教育における PLI の役割

　今までの観察で、PLI が言語獲得において極めて重要な要素であることが分かった。その内容をここでまとめてみると、PLI には生成規則で生成できるかどうかに関して yes と no の答えがある。答えが no の場合は、イディオムとか挨拶などの決まり文句などの場合で、これはそのまま暗記する（長期記憶に登録する）方法しかない。答えが yes の場合には、それでも分析しないで全体として記憶しておいて必要に応じて取り出して使うルートと文法によって組み立てるルートとの 2 つのルートがありうる。また、社会言語学的機能をもっているものの中には規則で生成できるものもある。How are you? とか You are welcome. がその例である。このような PLI を L2 教育、外国語教育、とりわけ日本の英語教育・日本語教育でどのように扱ったらよいかに関しては、単語レベルの語彙教育の研究と比較して、まだ十分な研究が行われていないように思われる。その少ない研究で、検討してみる価値があると思われるものの中に Wray（2000, 2002）がある。

　当該論文は、PLI を L2 教育の全面に打ち出している次の 3 つの研究を概観している：Willis（1990), Nattinger and DeCarrico（1992）、そして Lewis（1993）である。この 3 つの研究は、細かい点においては異なるものの、PLI を分解して部分品に学習者の注意を向けさせる必要性を強調しているという共通点がある。しかし、Wray も指摘するように、そこには矛盾がある。何故かというと、PLI をそのまま覚えて使うことと、それを分解して理解することは相反するプロセスであり、さらに、PLI を用いることは nativelike になることを狙うのであるが、他方、それを分析するというのは unnativelike な行動であるからである。

　Wray（2000, 2002）から判断すると、自然な環境で習得をしている大人の学習者はなかなか PLI を分析して文法を構築することができないらしい。

また、コミュニケーション能力の発達に PLI が役割を果たしていると思われる場合でも、それはあくまで社会言語学的能力のことで、正確な文法を身に付けるといいうことにはつながらないようだ。

　しかしながら、日本の英語教育の場合、中級、そして上級へと進むにつれて、文法的であってもネーティブが普通は使わない表現（?My marriage with you is desired by me. など）と、同じく文法的であって、かつ、ネーティブが好んで使用する表現（e.g., I want to marry you.）とを峻別する必要が生じてくる。

　日本人の大人の場合（大学生も含む）は、英語を文法規則に頼って産出する、すなわち分析的に把握しようとする傾向が強い。これは、ごく最近まで（あるいは今でも）行われていると思われる文法中心の授業がその理由の一つになっているのかもしれない。ただ、英語教育の分野において、教室での学習の一環として PLI を分解し分析して文法に繋げているかどうかに関しては（フランス語を対象とした Myles et al. の研究はあるが）ほとんど研究が進んでいないと思われる。また、子どもの L2 学習者についての成果が大人の場合にはあまり当てはまらないようだ。いずれの場合も、Wray（2000）で "without explicit instruction" とか "without guidance" という留保がついていることに注意する必要がある。

　以上見たように、PLI は 2 つの相反する面をもっている。一方では、PLI を覚えて使えれば nativelike になれる可能性があるが、他方では、PLI だけでは言語の open-ended な特質、すなわち新しいことが何でも言えるという特徴が説明できない。これは Chomsky がいつも指摘している言語の創造性、生産性である。このジレンマを Wray（2000）では the problem of accommodating analycity and formulaicity と呼んでいるが、その論文では具体的な解決策は示していない。

それでは、どのようにしたらいいのであろうか。筆者は、Nakada (2002) において、日本語教育に関連して PLI をもっと積極的に教えることの重要性を説いた。これは中学校で何度も繰り返して PLI を覚える必要があるということである。最近は、暗記があまり行なわれていないのではないかという印象を持つ。しかし、学習の原点に帰って、Repetitio est mater studiorum.「繰り返しは学習の母なり」をモットーにしたい。特に、N. Ellis (1996) の考えが正しいとすれば、connectionism の評価は横に置いておいて、sequencing（音の連鎖を記憶すること）、とりわけ phonological memory（音韻記憶）および chunking（チャンキング――処理単位の形成）を念頭において PLI の暗記に努めることは意味があることだと思う。初級の段階であるので、Thank you. You're welcome. How are you? Congratulations! など（フランス語からは Comment allez-vous? Qu'est-ce que c'est? など）をたくさん仕入れることである。

次に、Intermediate level の高等学校では、segmentation and analysis を通して言語の仕組みを身につけなければならないので、さらに PLI を覚えると同時に、ルールで生成できる表現を強調して文法を定着させる必要がある。そして Advanced level である大学生になったら、上で述べた言語を創造する知識の強化と共に、再び PLI に焦点を当てることが大事である。これを、筆者は、第2の波（a second wave）と呼んでいる。これによって nativelikeness あるいは idiomaticity と特徴付けられる能力を身に付けさせる。そして、Irujo (1986:235) の PLI is "frequently omitted in the speech addressed to second-language learners" という観察に注意して authentic material を使用すると同時にその中の PLI に対する consciousness raising あるいは focus on form を行う必要がある。この段階では、教師は分析していい PLI と分析しないでそのまま丸暗記すべき PLI とを適格に峻別して学習者に伝える必要がある。その際、Yorio (1989:62-63) が指摘している上級学習者が犯す誤り（*take advantages of, are to blamed for, those mention above, being taking care of, etc.）を念頭において、これらの表現をもう一度丸ごと（いわば、その内部構造を忘

れて）正確に記憶しなおすことも同時に行う必要がある。例としては、筆者が 1994 年から 5 年間放送大学で用いた英語 IV『目と耳からの総合英語（*An Integrated Approach to English through Television*）』の中にいくつもあるが、紙面の都合で省略する。

　上記の考えは Nakada（1994）に発表したものだが、2003.6.20 に出版された『メンタルレキシコン』という本の中で著者の門田ほか（2003：314）は次の 3 段階を提案している。上で説明した筆者の考えとは、詳細においては異なるものの、似たような提案が出されたということは興味深いし、筆者の立場に support を与えてくれる。

（1）全体的チャンク処理（holistic chunk processing）
（2）分析的な規則に基づく処理（analytic rule-governed processing）
（3）習慣的自動化処理（automatic manipulation）

　ただ、筆者の考えでは、（2）の段階で PLI をやめてしまうのではなく、引き続き導入するのだが、その際に分析できるものとできないものを教師が consciousness raising、すなわち意識を高める、特別な注意を払うという形で峻別して伝える必要がある。また、（3）の段階では再び holistic chunking を強調するのである。この点で、筆者の考えはこの本の著者と異なる。しかし、いずれにせよ、英語教育の初期の段階で学習者に PLI を十分に与えることが有益であると考える。その際、内部構造については注意を向けないという段階であることに留意したい。そして、中級のレベルで、文法をきちんと押さえ、一般の語彙を増やしていく。と同時に PLI も覚え続ける。さらに、上級のレベルになったら、文法を確認しながら、引き続き語彙の増強を計ると同時に、PLI をもう一度正確に覚えなおすという作業を行う。言語は生成規則と一般の語彙、および PLI という部分から成り立っているので、その間のバランスを上手に維持していかなければならない。これが教師に課せら

れた課題であるということになる。

6．結論

　この章では、言語と文化の関係を分析し、句語彙項目（PLI）という重要な視点から言語・文化を考えるとどのような風景が見えてくるかに焦点を当てた。その結果、PLIは言語と文化が密着してでき上がっている定形表現を多く含んでいることが分かった。言語の問題は文化ぬきで語ることはできないということである。また、第二言語としての英語・日本語などの獲得・教育の分野において、このようなPLIをもっと積極的に取り上げていくことが必要であるという結論に至った。

　さらに、言語においては生成のプロセスに加えて、記憶ということが極めて重要な役割を果たしているので、やはり繰り返し学習すること（Repetitio est mater studiorum.）がL2獲得の必須条件であるという提言を行った。これらのことから、生成文法と認知文法をとりもつrapprochementへと繋がっていくことの可能性を別の論文で提案したが、その方向性が最近出版されたCulicover and Jackendoff（2005）の中で文法とレキシコンの融合という形で示されていて大いに力づけられた。詳細は紙面の都合で割愛する。

注

本稿は、中田（2002, 2003a, 2003b, 2003c, 2003d, 2004, 2005）およびNakada（1994, 1999, 2002a, 2002b）の延長線にあり、内容が一部重複しているところがある。

参考文献

門田修平（編著）『英語のメンタルレキシコン―語彙の獲得・処理・学習』東京：松柏社

2003.

川本皓嗣・井上健（編）『翻訳の方法』東京大学出版会 1997.

牧野成一「文化能力基準作成は可能か」『日本語教育』No. 118. pp. 1-16. 2003.

三宅ひろ子「フィリピン英語にみられるボディー・パート・メタファ（BMP）の理解度調査」言語文化教育学会シンポジューム口頭発表 早稲田大学 2004.

森住衛『言語文化教育学の可能性を求めて』東京：三省堂 2002.

中田清一「句語彙項目（PLI）--There's more in the lexicon than meets the eye」名古屋大学口頭発表 2002.

――― 「句語彙項目と第二言語獲得」『日本語学習辞書編纂に向けた電子化コーパス利用によるコロケーション研究』名古屋大学大学院国際言語文化研究科科学研究費補助金基盤（B）（2）中間報告論文集（プリンストン大学での発表の再録）pp.119-142 2003a.

――― 「句語彙項目：言語理論の交点」『青山国際政経論集』Vol.61, pp.167-196 2003b.

――― 「句語彙項目と英語教育」大学英語教育学会（JACET）SLA研究会講演 昭和女子大学（2003.10.11）2003c.

――― 「句語彙項目と言語理論」横浜「人間と言語」研究会（YLC）講演 神奈川大学（2003.11.27）2003d.

――― 「言語理論における説明の『形』」青山学院大学最終講義（2004.1.20）2004.

――― 「メンタルレキシコン―句語彙項目の視座」鎌田修 et al.（編）『言語教育の新展開：牧野成一教授古稀記念論集』東京：ひつじ書房 2005.

大橋まり子「日本語から英語へのプラグマティック・トランスファ――『断り』行為の場合」『青山国際コミュニケーション研究』第3号 . 青山学院大学大学院国際政治経済学研究科国際コミュニケーション学会 1995.

佐藤尚孝『英語イディオム由来辞典』東京：三省堂 2001.

斉藤武生『言語文化学事始』東京：開拓社 1988.

Canal, M. and M. Swain. 1980. "Theoretical bases of communicative approaches to second language teaching and testing." *Applied Linguistics* 1:1-47.

Culicover, Peter W. and Ray Jackendoff. 2005. *Simpler Syntax*. Oxford University Press.

Chomsky, Noam. 1957. *Syntactic Structures*. The Hague: Mouton.

Ellis, Nick C. 1996. "Sequencing in SLA: phonological memory, chunking, and points of order." *Studies in Second Language Acquisition*, 18. pp.91-126.

Garrison, Jeff, et al. 2002. *Kodansha's Dictionary of Basic Japanese Idioms*. Tokyo: Kodansha

International.

Glucksberg, Sam. 2001. *Understanding Figurative Language: From Metaphors to Idioms*. Oxford: Oxford University Press.

Jackendoff, Ray. 1955. "The boundaries of the lexicon." *Idioms: Structural and Psychological Perspectives*, eds. by Martin Everaert, Erik-Jan van der Linden, Andre Schenk, and Rob Schreuder. Hillsdale, NJ: Lawrence Earlbaum.

─────── 1997. *The Architecture of the Language Faculty*. Cambridge, MA: MIT Press.

─────── 2002. *Foundations of Language: Brain, Meaning, Grammar, Evolution*. Oxford: Oxford University Press.

Lado, Robert. 1957. *Linguistics Across Cultures*. University of Michigan Press.

Lewis, Michael. 1992. *The Lexical Approach: The State of ELT and a Way Forward*. Hove: Language Teaching Publications.

McKay, S. L. 2002. *Teaching English as an International Language: Rethinking Goals and Approaches*. Oxford: Oxford University Press.

─────── 2003. "The Cultural Basis of Teaching English as an International Language." *TESOL Matters* 13.4.

Nakada, Seiichi. 1994. "It's still the code." *Proceedings of the 5th Conference on Second Language Research in Japan*. International University of Japan. pp. 127-146.

─────── 1999. "The Role of LPI's in SLA." A paper presented at Nagoya University, June 28, 1999.

─────── 2002a. "Phrasal Lexical Items and Second Language Acquisition." *The Tenth Princeton Japanese Pedagogy Workshop Proceedings* ed. by Seiichi Makino. Princeton University. pp. 154-178

─────── 2002b. "Phrasal Lexical Items 'Once Removed'" *The Aoyama Journal of International Politics, Economics and Business*, No.58, pp.33-45, Aoyama Gakuin University.

Nattinger, James R. and Jeanette S. DeCarrico. 1992. *Lexical Phrases and Language Teaching*. Oxford U.P.

Newmeyer, Frederick J. 1986. *Linguistic Theory in America*. Second Edition. New York; Academic Press.

Palmer, Gary B. 1996. *Toward A Theory of Cultural Linguistics*. Austin: University of Texas Press.

Pawley, Andrew, and Frances H. Syder. 1983. "Two puzzles for linguistic theory: nativelike selection and nativelike fluency." *Language and Communication*, eds. by Jack C. Richards and Richard W. Schmidt. London: Longman.

Peters, Ann. 1989. *The Units of Language Acquisition*. Cambridge U.P.

Scollon, Ron, and Suzanne Wong Scollon. 1995. *Intercultural Communication*. Oxford: Blackwell.

Smith, Larry. 1976. English as an International Auxiliary Language. *RELC Journal*, 71(2), 38-43.

Steinberg, Danny. 1982. *Psycholinguistics*. Longman.

Weinert, Regina. 1995. The role of formulaic language in second language acquistion: a review. *Applied Linguistics*, Vol. 16, No. 2.

Widdowson, Henry G. 1990. *Aspects of Language Teaching*. Oxford U.P.

Willis, D. 1990. *The Lexical Syllabus*. London: Harper Collins

Wray, Alison. 2002. *Formulaic Language and the Lexicon*. Cambridge: Cambridge University Press.

Yano, Yasukata. 2001. "World Englishes in 2000 and beyond." *World Englishes*, Vol. 20, No. 2, pp. 119-131.

日本のことばとこころ―外からの視座

柳　吉東

1. 序

　私にとって外国語である日本語のことを日本語で話すことはどんなに無謀で無理なことなのかをしみじみと感じながらこれを書いている。
　2004年11月、恵泉女学園大学の日本語日本文化学科設立記念シンポジウムに招かれて「日本のことばとこころ―外からの視座」というタイトルで韓国人の「視座」から発表した。文字通り私には身に余る光栄なことで、私を発表者に選んで下さった先生方に感謝する気持ちだけで出席すると返事をしてしまったが、何をどう話せばいいのか困っていることは、最初この話があった時と発表当時と、これを書いているいまも変わりがない。
　30年ほど前、日本語を習いはじめて、大学に入り直し日本語を専攻した。日本留学から帰国後、20年ほど学校で日本語を教えることを職業にしている私の頭から離れない疑問は「私の日本語が正しいか」である。自分の日本語に確信のないまま「日本のことばとこころ」を述べるのははじめから無理ではないかと思う。

しかし、私は2泊3日の東京旅行を敢行し、シンポジウムに出席した。予想通り私は大した話ができなかったが、日本をはじめ、中国、アメリカ、フランスから集まった先生方のお話を聞いたことは勉強不足の私には刺激になり大いに勉強にもなった。また久しぶりに東京モノレール、山の手線、京王線に乗って、なまの日本語を耳にし、日本の空気を吸い、ラーメン屋で1人でみそラーメンを食べながら店内に貼ってある宣伝文を読んで、いまの日本語を味わってみた。

　こんな私にシンポジウムの主催者の先生から、その日の発表内容を1冊の本にまとめる予定だから原稿を送ってほしいという連絡が入った。その時は原稿締め切りまでは夏休みもあるから充分余裕があると思っていたが、学校の仕事に追われ、休み中は数年前から予定していた海外旅行にも行かなければならないなどのうまい言い訳をしながら日にちは流れたのである。

　いま、私の手元に日本の国際交流基金から送ってもらった『日本語教育通信』第53号[1]がある。その1面に「言葉」という岸恵子さんが書いた話がのっている。40年をパリで暮していてフランス語をフランス人のように話すということは「見果てぬ夢」であると言いながら、いわゆることばとはどんなものなのかを考えさせる話でもあり、職業として外国語を勉強する者に対する警告とも聞こえる次のような1文がある。

　「一つの国のことばには、その国の長きにわたって培われたエスプリや、可笑しみや、毒や華が複雑に宿っている。雨風の匂いや、土の匂い、空気にひそむその独特の気配のようなもの……それはそこに生まれ育った人のみがかぎ取ることのできる、言霊のようなものかもしれない。」

　だから私にとって日本語は、辞書を引いてことばの意味を韓国語に解釈したり、両国語の相違点などを考えたとしても、これは表面的で理屈の上でのものにとどまるような気がする。

2. 日本語は韓国人にとってどんなことばなのか

　日本語はいま韓国で英語に続いてもっとも人気のある外国語である。高校では第二外国語として学習者の数がいちばん多い科目で、会社員など社会人の間では、朝出勤前か会社が終わったあと日本語の塾に通うことも珍しくないほどビジネスの上で必要とされる外国語である。

　また、韓国は日本からの観光客も多いので、観光地やソウルの街でもよく日本語を耳にすることもできる。

　その他、韓国人には日本語の使用が強制された時代もあって現在70才以上の人の中には小学生時代、国語として日本語を習い、日常生活で日本語が使われたので英語などの外国語とは違った特別な思いを持っている人が多い言語でもある。

　日本語は、韓国語と文法がよく似ているので韓国人にとって「覚えやすい外国語」にされやすいのも事実であるが、それは外見的に両国語の文法が似ていたり共通に漢字が使われたりしているだけのことで、英語やフランス語というような外国語より「覚えやすい」とは言えないだろう。

　日本語は日本文化を背景に日本語独特な表現が成り立った言語なのでヨソの目でみるとまったく違うことばなのである。

　一般に日本語の学習段階をいう場合、レベルの低い初級段階を「簡単な挨拶ができる」程度という。しかし、日本語で挨拶ができることが「いちばんレベル低い段階で簡単」なことなのかというと決してそうではない。

　もちろん初級の日本語学習者は日常生活の中でよく使われる韓国語の「アニョンハシムニカ (안녕하십니까)」を「こんにちは」に、「カムサハムニダ (감사합니다)」は「ありがとうございます」に、のようにすぐ日本語に直して使えば済むものもある。

　しかし、韓国語では、1日中「アニョンハシムニカ」だけで済ませるのに、日本語は朝、昼、晩によって「おはようございます」も「こんにちは」「こんばんは」も変わる。その反面、「さようなら」は韓国語では送る側は「アニョ

ンヒカセヨ（안녕히가세요）」で、送られる側は「アニョンヒゲセヨ（안녕히계세요）」になる。

　別れる際に目上に対する挨拶に使われる「失礼します」も韓国語になると「シルレハムニダ（실례합니다）」「シルレハゲスムニダ（실례하겠습니다）」のように丁寧な表現として使われることもあるが「お元気でお過ごしください」という意味の「アニョンヒゲセヨ（안녕히계세요）」のほうが自然である。だから、また説明の部分が省略されていて短いながら人の気持ちを効果的に表す日本語の挨拶ことばは韓国人にとって難しくて間違いやすい「レベルの高い」段階の表現だと言ったほうがいいかも知れない。

3. 日本語の多様な人称代名詞と敬称

　日本語は人を指す人称代名詞が多様である。日本語を教えるクラスでは自分を指す人称代名詞を男性は「ぼく」、女性は「わたし」と教えているが日本語の現場ではそう簡単には済まないことが分かる。

　たとえば、男性は相手によって「ぼく」となったり「わたし」となったりするし、そのほかの「おれ」「わたくし」「わし」「おいら」「わて」など、いろんな自称詞がある。韓国語には自称の人称代名詞は男女共通に常体の「ナ（나）」とへりくだった敬体の「ゾ（저）」が普通なので韓国人の男性が日本語を話す場合、「わたし」でいいのか「ぼく」と言ったほうがいいのか迷ってしまう。まだ日本語に慣れていない日本滞在期間の短い韓国人が自分を「ぼく」「おれ」などと称することにはなんとなく落ち着かない感じで違和感を覚える。

　また、相手を指す人称代名詞はもっと複雑である。「きみ」「あなた（あんた）」「おまえ」「おたく」などは話し相手との上下関係、親疎、話の内容、対話の場所によって変わるからである。

　敬称の「－さん」をどこまで付けていいかも区別しにくい。「－さん」に近い韓国語として「－シ」「－ニム」などが挙げられるが、日本語の「－さん」

ほど広い範囲で使われるものではないので、人の名称に付ける時はこれは正しい言い方かどうか、もう一度考えることになる。

また、「－さん」を苗字に付けたらいいのか名前に付けたらいいかもよくわからない。韓国語には目上の人を呼ぶとき名前だけでは呼ばないのが普通である。つまり、10歳以上年上の先輩を呼ぶとき、日本語の「村上　健さん」という感じで「金（キム）　栄哲氏（シ）」とは呼ばない。

年上の人に「－シ」という呼称はたいへん失礼な言い方だから高慢で礼儀しらずとされる恐れがある。この場合、韓国語は「お兄さん」とか「先生」「先輩」「社長」など、何とかうやまう気持ちを表す肩書きだけで呼んだほうが安全である。

韓国式の人の呼び方に慣れている私にとって「－さん」付けの呼び方はその位置付けがわからないので、すぐ口に出せない表現である。

「－さん」付けの呼び方を含めて日本語の家族や親類の呼称も韓国のそれとは微妙に違う。まず、日本語の親類の呼び方は韓国語と比較すると包括的だと言える。

たとえば、日本語で親の兄弟を言う時、「おばさん」「おじさん」で済ませるのに、韓国語ではそれが父方か母方かによって違ってくる。つまり父方の女兄弟は「コモ（고모）」、母方の女兄弟は「イモ（이모）」」という。

もう一つ、目上の兄弟の呼び方も複雑である。上記の「おばさん・おじさん」は話者が男か女かによって変わらないが、目上の兄弟の場合は話者が男女どちらかによって違ってくる。つまり話者が男なら「おにいさん」を「ヒョン（형）」、女は「オッパ（오빠）」と言う。また「おねえさん」は、話者が男なら「ヌナ（누나）」、女なら「オンニ（언니）」である。

これは男性が女性と結婚して妻の家の姓に苗字が変わることが珍しくない日本の結婚の習慣とも関係するかも知れないが、結婚しても男女どちらも苗字が変わらず、親戚が父方か母方かによって呼び方がそれぞれ違う韓国語から見ると日本語の親類の呼び方は包括的だと言えよう。

韓国語でも家族の呼称には丁寧なものと普通のものと両方あるが日本語ほ

どではない。それに対して、日本語では身内か他人かによって家族の呼び方が違うので、初級の学習者にとって、その使い分けは簡単ではない。会話中、「おじいさん」を「そふ」に、「おかあさん」を「はは」に変えて言えるまでには、時間がかかる。

4. 敬語が使えれば日本語上手

韓国語も敬語があるのだが、いわゆる絶対敬語と言って、話者と話題になる人物、聞き手、この３者の関係によって常に変わる相対敬語の日本語とは違う。つまり、どんな場合にも「お父さんはいらっしゃる」もので、「父はいる」あるいは「父はおる」ものではない。

韓国語も日本語もスピーチレベルが敬語レベルのもの（敬体／敬意体）と普通レベルのもの（常体／非敬意体）の２つに分けられる点で共通している。

私が日本留学中、お世話になったチューターの家を訪ねたのが日本ではじめての日本人家庭の訪問だったが、驚いたのは息子が父親の前でたばこを吸っていることと、両親との会話に普通レベルの言い方をするという、韓国ではあり得ない光景だった。

目上に対しては常に敬体で話さなければならない韓国語の敬語感覚からみると考えられない場面である。日本語のスピーチレベルは上下関係より親疎関係によって決まることを知るまでは相当時間がかかった。ちなみに韓国では自分の父親の前でお酒は飲んでもたばこを吸うことはない。

日本語は話者が自分や自分側の人間の立場を下げたへりくだった謙譲表現が多いが、韓国語は目上の家族や会社の上司などはウチの人間でもヨソに対して謙譲表現を使うことはしない。

5. 受身形と授受表現が多様な日本語

　韓国人にとって日本語はその文法構造や言語運用上の発想などが韓国語と非常に似ており、欧米語や中国語などに比べれば比較的楽に学べるという認識も無視することができない。その「楽に学べる」はずの日本語なのだが、そのなかで韓国人を悩ませる文法表現の一つに授受表現がある[2]。

　まず、日本語は韓国語より授受動詞が多くて複雑に感じられる。つまり日本語の授受表現は物や行為の移動がウチからヨソへ、ヨソからウチへかによって違ってくるのだが、韓国語では変わらない。日本語の「あげる」も「くれる」も韓国語では「주다」で済むのである。つまり、韓国語の授受動詞にはウチからヨソへ、ヨソからウチへの方向性による区別がないので相当に日本語が達者な韓国人も日本語の授受表現に慣れるのには時間が必要である。

　また、日本語では「くれる」と「あげる」を区別して捉えることにより物や行為のウチ、ヨソの移動方向だけではなく、社会的立場や心理的距離により微妙に人間関係についても隠喩的に表現される（任　栄哲・井出里咲子）ので自然な日本語の授受表現ができるためには日本社会の構造や日本人の人間関係の特徴も理解しなければならない。

　私は最近、ことばとは理屈ではなく感覚によって成り立つものだとしみじみと思うようになったが、「社会的立場や心理的距離により微妙に人間関係についても隠喩的に表現する」とは、その社会に生まれ育った人間ではない限り習得できないかも知れない。

　それから、よく耳にする謙譲表現に「閉店させていただきます」「失礼させていただきます」「発表させていただきます」など、日本人が好んで使うことばがあるが、この「－ていただく」に当たる適切な表現が韓国語にはないので訳せない。これをみると日本社会は、対人関係上の恩恵の行き来に関してかなり敏感であって日本語のやり取りの表現は、韓国語に比べて複雑と言える。

　したがって、日本語の受身形や使役表現も「する側・される側・させる側」

に混乱を感じることが多いので、受身や使役表現、授受表現などは韓国人の日本語学習者にもっとも難しく感じ、習いにくい項目と言える。

　私のクラスの学生たちが書いた作文をみると「-てあげる」と「-てもらう」を反対に使ったり、使役表現のする側とさせる側とが逆になったりする例をよくみかける。だから「失礼させていただきます」を「失礼します」の丁寧な表現と納得させるのに教師は苦心する。

6．外国語・外来語・カタカナ語や略語はいかん（？）

　次から次へ作られるカタカナ語と略語は日本語学習者を困らせる。いつからだれによって使われて日本語になったのか分からない正体不明のカタカナ造語や外国語はよく聞き取れないし、どこまでが日本語でどこまでが外国語なのか区別がつかない。

　日本人は韓国人に比べて外来語の使用に肯定的だと言われるが、外国語として日本語を話す私にとって日本語の発音に合わせて作った外来語、カタカナ語は発音も表記も難しい。

　コーヒー（coffee）とコピー（copy）、バス（bus）とパス（pass）、ビル（building）とビール（beer）などは日本語初心者には区別しにくいものである。日本語がある程度できる韓国人でも日本人が会話の中で何気なく使っているような「ゲットする」とか「コンスタントにやっている」などの日本語の中に混ざっているカタカナ語には困ってしまう。

　外国語は「習うより慣れよ」とはカタカナ語の学習のことを言っているような気もする。また、似たような意味のことばを和語や漢語にしたものとカタカナ語で言ったものとニュアンスの違いがあることも考えなければならないようだが、なかなか区別がつかない。

　「ゲットする」「キープする」「プレーする」など、英語の動詞に「する」を付けて言う日本語の表現も慣れるまでには時間がかかる。しかし、この場合、使われる英語はほとんど簡単なものが多いので、これが英語だとさえ聞

こえればかえってやさしい日本語でもある。

　しかし、いくら外来語に肯定的と言っても右側、左側をライトサイド、レフトサイドという日本人の観光ガイドさんの案内は聞き間違えやすいものである。グローバルな時代だと言っても日本の歴史と文化が染み込んでいるきれいな日本語は残して後世に伝えてほしいと思う。

　カタカナ語と同じように考えられるのは略語である。英語や日本語の長いことばを簡単に略して作ったのでその便利さは認めなければならないと思う。略語はたぶん新聞記事の見出しなどによく使われて、長い説明を短くして読者に強い印象を与えるような効果がある。また、忙しい日常生活で会話を短くしてもコミュニケーションができるというよい面もある。

　しかし、略語はそのことばの長さのわりに大きくて広い意味を持っているキーワードの場合が多いので、そのことばの意味が分からないと話の中心的な意味が取れなくなる。それに、辞書を引いても出てこない略語も多いので日本語に慣れない留学生などには難しい日本語になってしまう。

7．人名、地名の意味は重要なのに読み方は困難

　もう一つ、日本の歴史と文化を背景にしている地名や人名などの固有名詞は読み方も難しい。その上、そのことばの意味の大きさや日本人が持っているイメージの重さがどのくらいなのか分からないので注意しなければならない。つまり、人名や地名などは、それが持つ辞書的な意味以上に独特なイメージを含んでおり、それを適切に使わないと誤解をまねく。そしてそういうことばが日本語には少なくない。

　しかも、日本事情や文化がよく分からない外国の日本語学習者には日本の地名や人名はその意味だけでなく発音も難しい。大学の同僚に聞かれる質問に日本で出版された文献に出ている日本の地名や人名の漢字の読み方を教えてほしいというのがある。聞かれるものはほとんどはじめて見るもので、なんとか漢字は読めそうなものであっても、日本語にはいろんな読み方がある

ことを知っている私は堂々と（?）「読めません」と答えるしかない。

　大学の日本語教師なのに地名や人名も読めないのかというような目で見られてもしかたがない。普通、一文字の漢字には１つの読み方を持っている韓国語からみるとそれも当然だが、その質問者は本格的に日本語を勉強した経験のない人であるので、そういう目でみるのだとこちらは理解する。

　にもかかわらず、日本語の会話の中に出てくる人名、地名が持つ意味はたいへん重要である。当人の名誉がかかっている人の名前を間違えたり、その地の歴史と文化が生きている地名を間違った言い方で言ってしまうといけないからである。

　地名が読めるか読めないかだけでは本当の日本語に近づけない。そこで、私は授業中、学生たちが日本語の練習をする時はその話の場面を頭の中で描くように指導する。

　例えば、「〜から〜まで」の練習では、よく使われる例文に「新幹線で東京から大阪まで行く」がある。この場合、どの方向へ移動しているか、あるいは時間はどれくらいかかるかを想像したり、東京や大阪が日本の中でどういう位置を占める都市なのかを知っていれば日本語は面白くなって覚えやすくなる。

　23年前の日本留学中、何度も乗った大阪の難波駅から奈良の近鉄奈良駅までの地名はその周りの風景とともに私の日本語に特別な意味を持って位置付けられている。

　日本語を話す人は日本の歴史や地理を勉強しなければならない。なぜかというと人名や地名の読み方はもちろん、それに関する歴史的意味を知らないと日本語が持つ独特の意味が分からなくなるからである。

8．日本語は大切な部分は省略するので曖昧（?）

　日本に留学している外国人が、日本人同士の会話を聞いて、前後に入ることばが一切なく「どうぞ」「どうも」だけで会話が成り立つのを見て驚いた

と言っているのを聞いたことがある。日本語は詳しい説明が必要とされる肝心な部分は省略されたまま使われることが多い。

　佐々木瑞技は日本語のコミュニケーションでは省略された部分がきわめて大切な意味を持っているので日本語教育においても「ので」「て」「が」「けれども」といったことばで文が終わる「言いさし」の形の機能を理解させることは重要である[3]と言っている。

　これは言いにくい部分を言わずに相手に分からせるという点で、丁寧な表現にもなっており、会話を円滑に進めるのによい方法だと思われる。

　また、日本語の挨拶ことばを最後まで言わないで最初の部分で終わるのも特徴と言える。たとえば、「こんにちは」も「こんばんは」も後半の「お元気ですか」「お変りありませんか」などを省略したもので、「ただいま」は「帰りました」を言わないままである。「どうぞ」も「どうも」も「よろしく」もそのあとについて来る具体的な表現を省略している。

　日本の代表的な伝統芸能の一つである能における演技、演出の優劣判断の基準は最小限の表現を持って最大限の表現効果を出すかどうかということである。人間の喜怒哀楽すべての具体的な動作を、動かないで止まった姿勢をもって表現できることをもっとも上品ですぐれた芸能とみる発想が日本語にも潜んでいると思う。

　つまり、日本語は曖昧な表現が多いと言われるのは、具体的な叙述をしないことによって相手に逆らわずに円満にものごとが進められるのがその理由である。

　だから、日本語は音声やジェスチャーなどによる物理的な部分より、目に見えない、耳に聞こえない部分を大切に思うものだという気がする。この大切な部分は日本語を母語としない者には永遠に分からない部分かも知れない。

　日本では断るときに「No」と言わないで「考えておきます」「それはちょっと難しいですね」などという婉曲的な表現をする。しかし、「考えておきます」をことば通りに韓国語になおすと「よく考えて後で答える」となって期待し

て待っていてくれと受け取られることもある。「それはちょっと難しいですね」も「それは簡単なことではないがなんとかやってみます」と解釈されてもしかたがない。私も留学中、留学生の世話係りの職員に何かを頼んで待っていてもやってくれなかったので聞いてみたところ、だめだと言われて諦めた経験がある。

9．自然現象のことばが豊富な日本語

　どこのことばにもその国が持つ自然環境からくることばが多く含まれていて、そのことばを勉強する学習者を楽しませてくれる。それは自然がそこに住む人間の生活に影響をあたえ、その影響で自然現象関連のことばが日常会話によく使われるので、学習者は自然のことばを覚えながら頭の中でその国の風景を想像することができるからである。

　日本語では五月雨、春一番、お花見、小春日和などのような季節と関連することばが大変好んで使われる。それらのことば自体が持つ響きにどれほど慰められることだろう。月見うどん、月見そばのように食べ物に自然を取り入れる発想は面白くて素晴らしいものである。

　昔ながらの伝統芸能のセリフをみても自然現象のことばが大いに取り入れられて劇的雰囲気を高める。能舞台はほとんど装飾をしないと言われるが、正面に１本の老松が一面に描いてあって、橋掛りと脇正面席の間の通路に沿って３本の木が植えてある。また、囃子方や地謡方が出入りする切戸側に何本かの竹が描いてある。

　だから日本語学習者は、常に日本の自然の移り変わりと、そこから来ることばの意味を理解しない限り、ほんとうの日本語に近付けないということを分かっていなければならない。

　日本語には自然の一部分である動植物もよく登場してことばで説明しにくい部分まで、あるいはそれ以上にうまく表現している。また、ことわざや慣用句も自然と関係のあることばが多くて会話の中にそういうことばが入ると

話の内容が和らいで聞き手の気分をよくする。

10. 漢字は日本語学習者の生涯の宿題

　日本語と同じように韓国語でも漢語は大きな割合を占めている。それは韓国は歴史上、長い期間中国と交流を通じてその文化を受け入れてきたからだが、その文化のほとんどが漢語をもとにした漢文でできているものだからだと思う。

　しかし、特別なケースではない限り、いま韓国では韓国語の文章は한글（ハングル）表記にするので、日本語を勉強するためには漢字を覚えなければならない。それは若い韓国人日本語学習者にとっては大きな負担である。幸か不幸か私の小、中、高校時代はハングル漢字まじりの時代だったので日本語を習うのに漢字で書かれていることばの意味などは分かりやすい面もあった。ところが、いまはいわゆるハングル専用（このことば自体が古いのだが）なので韓国の若い人たちの日本語学習に漢字は大きな壁に違いない。

　日本語では１つの漢字にも音読み、訓読みがあって読み方や意味が２つあるのが基本なのであるが、それらの使い分けが外国人学習者を困らせる。

　10年ほど前に日本で開かれた日本語教育研修会で一緒だったオーストラリア人が言った「漢字アレルギー」は、いま私のクラスにそのまま通用する。専攻科目の勉強に苦労して、学校を辞めたいと訴える学生が日本語学習で難しいこととして挙げることに漢字は必ず登場する。

　しかし、漢字はことばの意味を凝縮できることや、視覚的効果を持っており、読む側に理解しやすくしてくれることなどを考えると、日本語にとって漢字は不可欠なものである。

11. ちょっとした(?)発音の違いでコミュニケーションが取れない

　日本語は、正確に発音しなかったり、よく耳を傾けて聞いていないと間違いやすい。同音異義語を含めて日本語は発音上よく似ていることばが多くて、それをうまく使ったことば芸が発達しているくらいだから、これは外国人の日本語学習者を困らせる大きな要素の１つだと言えるだろう。

　清音・濁音によって意味が変わらない韓国語を母語にする日本語学習者にとって発音の清濁によって違ってくる日本語を習うのは苦労が伴うものである。まず、清濁を気にしなくてもよい韓国語に慣れている耳には日本語の清濁音の違いがはっきり聞き取れない。聞き分けができないから韓国人が正確に清音、濁音を発音するのには相当の訓練が必要になる。

　私は日本人から「つ」の発音がはっきりしないと指摘されてもなかなか直せないし、「ず」はなおさらで、発音の際、舌の位置や息の吹き具合なども理論的には分かっていても実践は難しい。

　促音（っ）も区別しにくい。「来てください」を「きってください」と間違えて、「切手ください」「切ってください」になってはなかなか来てもらえない。「しています」と「しっています」とが同じように聞こえるのは発音上「っ」を１音の長さと認めようとしない学習者のクセも働いているような気もする。

　日本語では短音・長音による違いをはっきりしないとまったく別のことばになってしまう。ビルをビールに間違えたりコーヒーをコピーのように発音したりする初級者をよく見掛ける。「おばさん」を「おばあさん」に間違えたらたいへんな目に会うかも知れないよと警告（？）したり、「めし（飯）」は食べるものだが「めいし（名刺）」を食べるビジネスマンは商売どころか精神鑑定に送られるかも知れないよと冗談をまじえて教えることもある。

　短音・長音をちゃんと守らないことから来るトラブルや、促音をはっきり発音しない間違いは私のクラスでもよく起こることだが、序でふれた岸さん

の話にも「アメリカ人やフランス人の中の日本語の達者な人」も間違える次のような例が挙げられている。

　ある政治家のスピーチを聞いた人が「内容がまるっきりくそだった。ことばだけたくさん並べて意味がカラポ」と言ったが正しくは、「くそ（糞）」は「くうそ（空疎）」、「カラポ」は「空っぽ」である。

　韓国語ではことばの最初にくる音声の清濁で意味が変わらないし、ほんのわずかなことば以外は音節の長さによる意味の違いもない。

　しかし、日本語では「ここ（此所）」「ごご（午後）」「こうこう（高校）」「こうご（交互）（口語）（向後）」「ごごう（五号）」「ここう（戸口）」などなど、数えきれないほど違いがある。

　撥音（ん）の発音は、次に来る音の如何によって「m」「n」「ng」などに変わると私は自信なく教えるのだが、これも日本語を聞いてみたり日本の歌などを聞いてみるとそう単純なものではない。

　だから私はクラスで完璧な日本語を話すことはどんなに多難なことかを分かった上で、学生に間違いを恐れないで日本語を話すことを要求し、私が率先して実行することにしている。これは外国語の学習に流暢性を優先する方法として採り入れられているのだが、だからといって間違えてもよいということではない。

　もう一つ、韓国人にとって自然な日本語への接近を妨げるアクセントについて話したいと思う。韓国語はアクセントの違いによって意味が変わらないのでことばの一定部分を上げたり下げたりして発音する必要がない。しかし、日本語はアクセントによって意味が変わってしまうので、その使い分け、聞き分けがたいへん難しい。

　韓国人には「雨」「飴」、「花」「鼻」、「箸」「橋」などは同音異義語にしか考えられないのである。「アメガフル」と言ったら「雨」、「アメヲタベル」なら「飴」というふうに文脈や会話の前後関係、雰囲気をみて意味がわかる具合だから、韓国人の発音は「雨」も「飴」も同じようなものにしかならない。

また、これが1つのことばではなく1つの会話文になるとその全体的なアクセントよってその文のニュアンスが変わるのだが、韓国人はこれをアクセントを区別しないで同じ発音で済ませる。最近は学校などの日本語教育機関ではネイティブの日本語教師が教えることも多くなっているし、休みを利用して日本を訪問して日本人と直接交流する学生も増えているので日本語のアクセントも自然に学ぶようになってはきている。

　しかし、日本語のアクセントは韓国人の日本語学習者にとって「外国語だからしかたがない」と言って避けて通りたい課題に違いない。

12. 感情・感覚のことば、擬音語・擬態語

　日本語の擬音語・擬態語はある音（声）や様子を表したものだが、これは単に音や様子を表現したのではないので外国人には分かりにくくて覚えにくい。聞こえる音や声、見える様子は同じでも韓国人と日本人とはそれを感じ取り、ことばで表すには感覚と感情がはたらくからだと言える。時計の音は日本語で「チクタクチクタク」というが、韓国語では「トッタクトッタク」になる。擬態語「ニコニコ」は「シングルボングル」となる。擬音語・擬態語こそ、その土地の風土と習慣、言語を表す音声が持つ独特な感覚が産み出すものであって、外国人学習者がこれを習得するには、長い時間をかけて日本で日本語の中で生活をしてその風習を身に付けるしかないものと考えられる。

　日本人にとってはごく自然で当り前の擬音語・擬態語の一つ一つも他の形容詞・副詞を覚えるのと同じように─それ以上に苦労して─頑張るしかないのである。

　以上、まとまらないが日本語をみる私の考えを書いてみた。しかし、これを書くことによってあらためて私の日本語が不十分であることを痛感したことは大きな収穫だった。私が書いたところに間違いがあったら指摘して直し

ていただければ有難いと思う。
　また、ことば以上に日本人のコミュニケーションに影響する身ぶり・しぐさ・表情も「日本のことば」として、外国人日本語学習者の目の前に立ちはだかっているが、これは今後の課題にしたい。
　日本と韓国とはいろんな面で似ていると言われるが、その内面を見るとまったく違っていることが分かる。それなのに、外面的に似ていることだけを見て互いに先入観を抱き、そこから思わぬ誤解や摩擦を招きかねない関係にあるという意見（任　栄哲・井出里咲子）に同感である。

注

1　国際交流基金日本語グループ 2005『日本語教育通信』第 53 号
2　任　榮哲・井出里咲子 2004『箸とチョッカラク』大修館書店
3　水谷　修・佐々木瑞枝・細川英雄・池田　裕 1995『日本事情ハンドブック』大修館書店

中国人の目で見た日本語のこころ

胡　婉如

1．序

　十数年前私は不安と期待を胸いっぱいに抱えて日本の土——成田空港に足をおろした。迎えに来てくれているホームステイ先の北村さんを見て、一安心したが、すぐにどう呼んだらよいかわからなくて困った。今まで文通で「北村さん」と書いてきたが、目の前に70歳すぎの北村さんが立っていると、「北村さん」と呼びかけるのはどうしても抵抗を感じた。失礼すぎるのではないかと思ったのだ。中国の習慣だったら、北村おじいさんか北村おじさんと呼ばないと、失礼になる。しかし、日本語で「おじいさん」や「おじさん」と呼んでいいのかどうかがわからないので、その場はなんとか誤魔化した。以来、日本語の敬称やそれによる人間関係などに興味を持つようになった。本稿は自らの経験を元にして中国と比較しながらまず呼称や授受動詞から日本人の人間関係を見る。それから中日両国のことわざの異同により中日両文化の発想、慣習を探ってみたい。

2．敬称から見た日本の人間関係
2.1　日本語の「～さん」

　日本ではお互いに呼び合うのは今話している相手と自分との親疎関係、また社会的地位の上下関係に、大いに影響される。敬称として日常生活によく使われているのは「～ちゃん」、「～くん」、「～さん」などがある。どんな場合でも使えるとは限らないが、小学生からお年寄りまで、誰に対しても苗字や名前の後ろに付ければ失礼にならないのは、ほかでもなく「～さん」である。大工さん、店員さん、女優さん、お坊さん、ラーメン屋さん、不動産屋さん、花屋さん、銀行さん、区役所さんなどのように職業名や店舗名、組織名の後ろにも付けて、互いに角が立たないように敬意や丁寧な気持ちを表す。さらに動物名などにも付けて、「お猿さん」のように親愛の意を表すこともある。「～さん」ほど敬意を表せ、平等で便利な言葉はほかにはないのではなかろうか。ただ、外国人の私は例の北村さんの家でホームステイを始める時、ずいぶん戸惑いを感じた。家族全員（北村さん夫婦と息子さん夫婦）は北村さんなので、私が誰に声をかけているかをわかってもらうのは苦労した。さらに、一緒にお話して奥さんにだけ声を掛けたい時、どうしたらいいかわからなくて、傍によって話をするほかはなかった。また話の中で、その家族の１人に言い及んだりする時もしばしば間違えられた。少し慣れてきたら、おじいさん、おばあさんと呼んでいいですかと聞いたら、「おじいさん、おばあさんよりパパ、ママと呼ばれたほうが気持ちいいよ。日本語の『爺さん、婆さん』はよれよれで、汚いイメージがあるから」と教えてくれた。それ以来、北村さん夫婦をパパ、ママと呼び、息子さん夫婦をそれぞれ「名前＋さん」と呼ぶようになった。しかし中国的な発想だったら、北村さん夫婦をパパ、ママと呼ぶ以上、息子さん夫婦をお兄さん、お姉さんと呼ぶほうが理にかなう。これは日本では一般的かどうか今でもわからないが、ただ少し中国式に近付いたような気がした。

　中国では、まず店舗名や組織名、動物名に何かを付けて呼ぶ習慣がない。

人に対しても一般的には呼び捨てが多いが、個人的な付き合いがあるかどうか、相手の年齢や身分によって呼び方が異なる。仕事関係で肩書きのある人には苗字の後ろに肩書きを付けて呼ぶことが普通である。仕事関係以外で特に自分と直接かかわりのある人の場合には自分より年が上の人に対して、親族関係の呼び方で呼ぶのは尊敬の意と親しみを表す。隣近所や同僚には自分より年上の方には「老〜」、年下の方には「小〜」を付けて呼ぶ習慣がある。非常に親しい同僚だったら、「姓＋大姐」（お姉さん）、近所の方なら「姓＋阿姨」（おばさん）「姓＋大姐」のように呼ぶのがおそらく普通であろう。つまり家族みたいに呼び合うと一層親しさを表すことが出来る。それにしても私は中国で大学の助手として赴任する時、大学の事務室の方や図書館の職員にどう声を掛けたらいいか、いつも戸惑いを感じていた。大学を出たばかりの私は「老〜」「小〜」で呼びかけられるほどみんなと親しくないので、とても使えない。しかたなく相手が教師でなくても全部「〜老師」（〜先生）と呼びかけた。「〜老師」で呼んで尊敬の意を表すので、相手を高く立てると失礼にならないだろうと思ったからである。相手が先生でもないのに、先生のように呼ばれると、本当に喜んでくれるのか、中国人でありながら疑問に思う。もし中国語に日本語の「〜さん」に相当する言葉があったらどんなにか便利だろう。

2.2　家族の呼称から見る人間関係

　中国では夫婦の間で新婚でも長年の連れ合いでもお互いに名前や愛称で呼び合うのが普通である。子供に向かって、自分のことあるいは配偶者のことに言い及んだりするとき「お父さん、お母さん」と言う。「子供のお母さん、子供のお父さん」と、一部の地域ではお互いにそう呼び合う夫婦もいるが、お互いに決して配偶者を「お父さん、お母さん」とは呼び合わない。また、一般的には夫婦であろうと子供であろうと、話しあっているとき相手を人称代名詞の2人称で呼ぶ。それでは日本ではどうであろうか。

　水谷修氏は『話しことばの表現』（講座日本語の表現「3」）で呼びかけに

関して、NHKの昭和50年調査の結果を次のように紹介している。妻が夫を一番多く呼んでいるのは「（お）父さん・父ちゃん」が66％で、つぎは「パパ」10％、「（お）じいさん・じいちゃん」7％、「あなた・あんた」7％、「名前・あだな」6％、「ネエ・チョット」3％。それに対して夫が妻を一番多く呼んでいるのは「（お）母さん・母ちゃん」33％、次は「名前・あだ名」26％、「おーい」25％、「（お）ばあさん・ばあちゃん」7％、「ママ」5％、「ネエ・チョット」2％。このように、日本では配偶者を子供と同じ呼称で呼びかける人が特に女性にかなり多い。人称代名詞の2人称で配偶者を呼びかける人は女性だけで、しかもごくわずかである。これはなかなか面白い。なぜ子供が出来たら、夫は名前もなくなり夫でなくなるのだろう。私は一度子供の前で中国人の夫に「お父さん、早く来て」と試しに呼んでみたら、いきなり「僕は君のお父さんではないよ」と言われてしまった。たしかにそうである。いくら子供の立場に立っても、夫は夫で、私のお父さんではない。しかし長く日本にいたせいか、普段中国語で夫と話し合っている私は、子供のまえで、無茶をする夫を見て、思わず「お父さん！」と日本語で怒ってしまう。お父さんとしての自覚を持って欲しいという気持ちからだと思うが、日本の方で特に女性は配偶者を「お父さん」と呼ぶのは私と同じくお父さんとしての自覚を持って欲しいからであろうか、あるいはお父さんとして尊敬しているからであろうか。

　ところが、2004年8月に家でNHK朝の連続ドラマ「天花」を見ていたら、昭和50年のNHKの調査結果とすこし違うことに気付いた。妻の佐藤秀子から夫の佐藤信夫へ「信さん」と呼んでいるに対して、夫の佐藤信夫から妻の佐藤秀子へは「秀子」と呼んでいる。2人は娘の天花とゆかに対してみんな呼び捨てである。中国では夫婦はお互いにフルネームか名前を呼び合う。また親が子供に声をかけるときもフルネームか名前、あるいはニックネームを使うので、敬意があるかどうか呼びかけでは判断できない。このドラマでは呼びかけだけで十分わかると思う。妻は夫を名前の後ろに「さん」を付けて呼び、敬意や丁寧さを表そうとしている。呼び捨てが親しみを表すと言え

るが、元応援団長だった信夫さんにとっては妻が子供と同じく親しいが尊敬するほどの人ではないと、私には見えてしまい、なんだかすこし悲しくなった。同じく、芸能人のカップルが「お互いにどう呼び合っていますか」と言うインタビューを受ける時、決まって、女性は「〜さん」、男性は名前と言う答えが出てくる。たかが「〜さん」をつけるかどうかのことであるが、日本はやはり男性中心の世界だと改めて思った。さいわい、ドラマの龍之介さんと天花さんは結婚後も相変わらずお互いに「〜さん」「〜ちゃん」と呼び合っている。これは新しい時代の夫婦関係であろう。ただ、子供が生まれ、子供の成長につれて、龍之介さんが今まで通り天花さんを「天花ちゃん」と呼び続けられるかと考えてしまう。せめて「お母さん」と呼ばないで、と願ってやまない。

2.3　「ベッカムさま」「ヨンさま」

　日本語には「〜さん」より一層丁寧な言い方として「〜さま」という言葉がある。よく天皇家のかたがたに対して「皇太子さま」「雅子さま」「愛子さま」のように使っている。銀行などでお客さんを「〜さま」と呼んでいるのをよく耳にする。しかしこのごろテレビを賑わしているのは「ベッカムさま」「ヨンさま」である。なぜ、外国のサッカー選手や映画俳優にも「〜さま」を付けて呼ぶ必要があるのだろうか。

　確かにベッカムさんもペ・ヨンジュンさんも格好良くて金持ちで、やさしそうな顔をして王子様みたいである。普通の人はいくら努力してもああいうふうにはなれないであろう。中国ではそういう人へ情熱を燃やせるのはせいぜい10代の女の子ぐらいであるが、日本の40代、50代の主婦たちの熱狂振りを見て驚いた。夢の中に生きているように見える。本当に心がまだ若くて夢を追いかけているのか、心の拠りどころがなく孤独なのか、あるいは今の夫に対する不満から自分を解放させたいのか、とても理解できない。

2.4 挨拶用語から感じる温かさ

　呼称からやや外れているが、日本語の挨拶用語についてちょっと感想を述べたい。

　毎年中国に里帰りする度に感じるのだが、中国語には、普段家を出るとき、家に帰るときに決まった挨拶用語がない。日本の「ただいま」「お帰りなさい」「行ってきます」「いってらっしゃい」に慣れてくると、中国に帰る度にちょっとさびしさ、物足りなささえ感じる。特に成田空港での「いってらっしゃい」「お帰りなさい」という言葉に毎回感動させられる。日本の空港で「いってらっしゃい」と挨拶されて喜びと期待を胸に祖国の中国に向かうが、中国の空港は黙って迎えてくれて、まるで冷たくされたような気もした。それに対して日本の空港は「お帰りなさい」という大きな横断幕が掲げてあり、私1人に対していっている言葉でなくても、その優しさが心に沁み込んでなんとなく旅の疲れが癒される。日本語はいいなあと何回も何回も思った。中国は別に歓迎してくれないわけでもないが、こういう表現がないから冷たく思われる。日本語のこういう挨拶用語が、日本人の優しさや気配りを表し、家族の絆を強くするだけでなく、日本国民をまとめる役割も果たしているのではないかと思う。

　もちろん言葉があっても、心を込めずに用いると、逆効果になる恐れがある。私は十年前から慢性蕁麻疹で、毎月2回ぐらい家の近くの病院に通っている。毎回薬をもらって帰るとき、私が「有難うございました」とお礼を言うと、かならず「お大事に」という言葉が返ってくる。それはもともと心が温まる言葉であるが、いつも来ているせいか、たいした病気でもないせいか、受付の方は何かを片付けながら顔も上げないまま言う場合がしばしばあった。他の店でも出入口で観察していると、「いらっしゃいませ」とそっけない声で言う店員さんもいる。それだったら、言わないほうがむしろ気持ちを悪くさせないのではないだろうか。

3．授受動詞から見る日本の人間関係
3．1　「もらう」と「くださる」
　「これは友達からもらったの」保育園の玄関先で息子が折り紙を見せながらうれしそうに教えてくれた。それを聞いて、私は「何で人に物なんかもらうの」とちょっと怒った声で息子を問い詰めた。「だってあげるって言ったんだもん」「あ、そうなの。くださいと言っていないよね」と、確認して一安心した。

　中国では「～から～をもらう」と言ったら、まるで自分から人に物を強要しているように聞こえる。自分にとっていくらほしいものであっても、面子(メンツ)を保たなければならないので、決して「私は～からもらった」と言わない。むしろ「～が私にくださった」と言って、相手の好意を強調する傾向がある。相手に質問する時にも「誰からもらったの？」というより、「誰があなたにあげた／くれたの？」のほうが好んで使われる。もともと中国語では授受動詞はあまり発達していない。日本語では自分が利益や好意を受けるので、相手から「もらった」ということになる。上の光景では、私は中国の発想と中国語で、息子は日本語の発想でやり取りしたので、息子にずいぶん悔しい思いをさせた。

3．2　「～さんをください」
　「～さんをください」は、日本のテレビドラマによく出てくる、結婚前に男性のほうから女性のほうの両親に挨拶に行くときに使う言葉である。私だったらこの男性と結婚しないわと私はそれを聞くたびに思った。相手がいくら誠心誠意を持って親に結婚の許可をもらおうとしても、「～さんをください」と言ったら、「りんごを3つください」「水ください」のりんごや水と同じように、人にあげたり、もらったりするもので、心の底から私を1人の人間として見ていないからである。どのドラマだったか覚えていないが、時には「大事に育てた娘はお前みたいなやつにやるもんか」というせりふもあっ

た。娘は私有財産ではないよと日本人のお父さんに聞かせたいぐらいである。もちろん、中国語にも「嫁にやる」「嫁をもらう」という意味を表す「嫁ぐ」「娶る」の言葉がある。しかし今の都会では結婚すると、2人は新しい家庭を作り、新居もどちらかの実家にするわけではない。「やる」も「もらう」もなくなり、「嫁ぐ」「娶る」という言葉が都会ではほとんど死語になっている。東京の若い夫婦を見ても中国と変わりがない。ぜひ「結婚」という性差のない言葉を使ってもらいたい。同じく、自分の夫を他人に対して主人と称するのもすごく抵抗を感じる。日本語には「連れ合い」という言葉があり、夫婦の一方を指すという意味で、従属関係ではなく、お互いに伴いあう夫婦関係を表している立派な言葉だと思うが、なぜか知り合いの日本人女性はほとんど使わず、だいたい何も気にせずに夫を「主人」と言う。ある女性の言語学者に聞いてみたら、ただの記号として使っているのではないかなと答えてくれた。日本の文化の1つとして受け止めるつもりでいるが、漢字の国から来たせいか、どうしても「主人」という2つの漢字の意味を浮かべてしまうので、なかなか納得が行かない。

3.3 「先生、持ってあげましょうか」

「先生、持ってあげましょうか」は、私が日本に来て間もないころ、大きなかばんを片手に持ち、もう片手にたくさんの本を抱えて階段を上がっている先生にばったり会った際に発した言葉である。「ありがとう」と、先生はそのとき言ってくださったが、教室では「先生、お持ちしましょうかと言ったほうがいい。人のためでも自分の恩恵を口に出してしまうと、好意を受けるほうに心理的な負担をかけてしまう」というような説明をなさった。確かに「〜てあげる」は相手のためにこちらがする動作で、子供や友達によく「絵本を読んであげる」とか「この本を貸してあげる」といったように使って、相手をそれほど高く扱っていないかもしれない。しかし、相手を高くする「〜てさしあげる」なら言えるはずである。それでも目上の相手に対して使うと、恩着せがましい感じを伴うので、「お持ちしましょうか」と言うべきである。

先生に対しても自分の子供に対しても言い方がまったく同じで授受動詞のない中国語を母語とする私は、これはまさに日本人の気配りから表れた表現だなと悟ったような気がした。

3.4　「メダルを取ってもらって、うれしい」
　　　「メダルを取ってくれて、うれしい」

　アテネオリンピック大会でメダルを取った選手たちの地元の人々はインタビューに対して、口々に「メダルを取ってもらって、うれしい」「メダルを取ってくれて、うれしい」と言っていた。それを聞いて、胸がじいんとして目頭が熱くなった。なぜなら授受動詞のない中国語にはこのような表現がないからである。「〜てもらう」は話者が相手の動作によって、利益を受ける場合に使う。「〜てくれる」は相手が話者のために動作を行い、結果として話者が利益を受ける。こうしてみると、いずれも地元の人々が選手たちがメダルを取ったことで、利益を受けたように見える。実は自分ではないほかの人がメダルを取るか取らないかは私個人にはたいした関係がないはずであるが、地元の人々のこの表現で、選手たちと地元の一体感、連帯感を表したのではないか。実際に地元の人々の応援振りを見てもそう感じた。中国でもメダルを１つ取るたびに街角で市民にインタビューしていた。だが、中国は広すぎるせいか、選手と地元の連帯感はぜんぜん現れない。選手たちがメダルを取ると、「祖国のために、人民のために名誉を勝ち取った」とみんな喜びはするが、個人の喜びとつながった表現がない。選手たちもまず地元の人々からの応援をもらえないし、地元の人々への感謝の気持ちもあまり表さない。

　新潟の地震で支援に携わっている人も「早く元気を取り戻してもらいたい」と言いながら朝食の準備に取り掛かっている。2004年11月１日朝、来日した韓国の女優チェ・ジウさんが義援金を寄付してインタビューを受けたとき、NHKでは「早く元気を取り戻して頑張ってほしい」と訳されていた。これを聞いて「なるほど」と思わず頷いた。数分後、別のチャンネルに切り替えると、同じインタビューで「早く元気を取り戻して頑張ってくださることを

願っています」という字幕が出た。「～てほしい」と「～てくださる」とでは彼女の日本に対する親近感がずいぶん違ってくる。どっちがチェ・ジウさんの気持ちを正しく表したかは本人に聞くほかはない。

　いずれにしても日本語には授受関係を表す表現があるからこそ、人々はお互いに思いやって礼儀正しく生きているのではなかろうか。言葉遣いは心遣いである。日本語の敬語や授受動詞などに頭を悩まされながら、それによって表現する日本の文化が私は大好きである。

4．ことわざから見られる中日文化の異同
4．1　魚と家畜
　日本人と中国人は同じアジア人で、歴史上日本は中国の影響をたくさん受け、ともに漢字を使い、同じ故事成語や四字成語が非常に多い。たとえば「単刀直入」「四面楚歌」など。また「鯉の滝登り」「木に縁りて魚を求む」のようなことわざはもともと中国からの由来のもので、日本でも中国でもほとんど同じ意味で使われている。しかし中国は全体から言えば農耕民族なので、魚に関することわざが非常に少ない。一方、日本は海に囲まれて、農耕より漁に頼って暮らしていたので、魚を肴と呼ぶほど魚が好きである。日本語には魚偏の付いている漢字が驚くほど多いし、それに関することわざも多い。二階堂清風氏の『釣りと魚のことわざ辞典』（東京堂出版）には魚に関することわざがなんと２千項目も挙げられている。特に目立つのは「鰯」と「鯛」に関するもので、ちょっと拾ってみたら、「鯛」は70以上で、「鰯」だけでも60を超えた。それはことわざが長い歴史の中で各自の暮らしの中から生まれたもので、その国の文化を反映しているからであろう。

　腐っても鯛
　えびで鯛を釣る
　鯛の尾より鰯の頭
　鰯の頭も信心から

中国人の目で見た日本語のこころ

鮑の貝の片思い

河豚は食いたし、命は惜しし

　鯛という魚は色、形、味どの面から見ても最高で、また「めでたい」に通じることから古くから日本人にとってはとても縁起がよく、祝いの料理に供するもので、腐ってもほかの魚とは違い、優れた大事な魚である。その一方、鰯は大衆魚で生臭く、色も形もきれいではないので、下等な魚とされている。しかし中国人にとっては鯛であろうと鰯であろうと、たかが1匹の魚で、**たいしたものではない**。中国人の目には宝石の玉が貴重なもので、らくだは砂漠地域の人々にとっては掛け替えのないものである。そして、魚類より身近で飼育している家畜にたとえたほうが親近感あり、わかりやすいものである。したがって、中国語のそれに相当することわざは、

　　痩死的骆驼比马大。　　　　（やせて死んだ駱駝でも馬より大きい）
　　抛砖引玉　　　　　　　　　（レンガを投げて、玉石を引き寄せる）
　　宁为鸡头不作牛尾。　　　　（牛の尾になるより、鶏の頭になれ）
　　只要信，泥菩萨也变神。　　（信じていれば、泥の菩薩も神様になる）
　　剃头挑子一头热。　　　　　（大道床屋の天秤棒の荷は片方が熱湯「あつ
　　　　　　　　　　　　　　　　あつ」だ）
　　想吃老虎肉，又怕老虎咬。　（虎の肉を食べたいが、虎に咬まれるのを恐
　　　　　　　　　　　　　　　　れる）

のようになる。

目から鱗が落ちる

　鱗は魚の表面にあるものなのになぜ目から落ちるの？　人の目には鱗なんか付いていないはずであるが、それなのに鱗が落ちるなんて、さすが海に囲まれて魚の好きな国の表現である。中国語では鱗が目から落ちるかどうかの議論より、まずこのような発想がないので、似たようなことわざもない。

待てば海路の日和あり

　辛抱すればいつか運が開けるという意味を表すことわざである。それも今は悪くても待っていれば海が静かになり、航海に適した日和もあるという意

味から来たもので、やはり島国ならではの発想である。中国では海より陸地なので、対応することわざがない。直訳したら「时来运转」（時が来たら運が変わる）になる。

　これらはほんの一部の例にすぎない。私の故郷は内陸なので、80年代までは外の世界との交流が非常に少なかった。魚といえば、だいたい川の魚で草魚、鯉や鮒のような白身の淡水魚である。海の魚の名前はマグロなど1つか2つ以外はほどんど知らない。当時の中国には水族館もそれに関する本もあまりなかったので、海の魚といえば解凍の太刀魚しか思い浮かばなかった。来日して、初めて水族館に行ったら、恥ずかしながら、漢字の付いた魚の名前は日本語の読み方どころか中国語の読み方でさえも知らなかった。デパートの地下食品街の鮮魚市場を見て、気分が悪くなって吐いたりもした。磯臭さに耐えられなかったのも一因だが、赤のマグロ、オレンジ色の鮭、ピンク色の鯛、花模様のはまちなどの食用の魚を生まれてはじめて見て驚いたのである。しかし精肉のほうへ行ってみて、思わずほっとした。豚肉や鶏肉を部位によって分けて並べているだけではなく内臓も多い。そして安い。漢方のせいか、中国では肉より内臓のほうが栄養価があり、食事療法にも使われているので値段が高い。食べ慣れてきて、また珍重されてきたものを異国の日本で安く食べられることはなんといいことであろう。でも、値札に書いてある名前をよく見たら、「ガツ」「ハツ」「レバー」「タン」「ホルモン」「ミノ」などいずれも片仮名で書かれている。なぜであろう。後になって少しずつわかってきたが、日本は海の魚より家畜を食用にする歴史が短く、特に家畜の内臓をあまり食べ慣れていないので、それぞれ和語があっても外来語で表しているのである。同じ卵ではあるが、どのスーパーでも鳥のモツ（まだ生まれていないたまごを主にしている）が肉類の一番目立たない端っこに置いてある。魚の卵だと、いくら、筋子、たらこ、明太子、数の子などは魚介類のコーナーに堂々と居座っている。そして値段も家畜のものと天地の差で、かなり高い食品である。今は私も日本の生活に慣れてきて、おすし、特に回転寿司が大好きになった。魚の名前がわからなくてもよさそうなものを見て勝

手に取れるし、メニューを見て一品一品注文すると、魚の名前や味、トロ、中トロ、大トロの違いも同時に覚えられる。まさに一挙両得である。また、日本人のように魚を食べると、なぜ日本人が鯛を貴重とし鰯を下等な魚扱いとするか少し理解できるようになった。鰯はほかの魚と比べると、栄養たっぷりで値もかなり安い。しかし骨が多く、調理もうまくできないので、私は大体鰯のすり身やおすし以外食べない。先日あるテレビのクイズ番組を見たら、今日本人に一番消費されている魚介類はマグロだと思っていたが、イカであった。調理しやすく、食べ方が多様で、そして臭くなく、高級品のイメージが強いという理由だからだそうである。これから魚好きな日本人にどんどん消費されていく魚は時代とともに変わっていくであろう。

　魚と関係ないが、日本語には「鷹」や「虫」などに関することわざも多い。中国語にはほとんどないかあるいは対応していない。

　能ある鷹は爪を隠す

　　　会捉老鼠的猫不叫。（ねずみをよく捕る猫は声を立てない）

　鳶が鷹を生む

　　　鶏窩里出凤凰（鶏の塒(ねぐら)から鳳凰が出る）

　鷹は飢えても穂を摘まず

　　　兎子不吃窩边草（ウサギは自分の巣のまわりの草を食べない）

　一富士二鷹三茄子

　日本のシンボルの富士山と並んで、評価されている鷹は日本人の目にはどんなに素晴らしいものかを物語っている。なぜ鷹はここまで評価されるであろうか。昔から鷹狩りをして、その雄々しく小鳥や動物を掴み取ってくれる姿は日本人の目には英雄として見えたかもしれない。一方、鷹は中国人の目にも勇敢で素晴らしいものである。しかし、狩猟の人以外にはあまり広く親しまれていないので、中国語のことわざにはあまり登場しない。上の訳を見てわかるように、ニワトリ、ネズミ、ネコ、ウサギなど中国人の日常生活に密接しているもの及び鳳凰のように伝説の中で吉祥の象徴とされるものが中国のことわざにはよく登場する。

4.2 魚と気候

　鰯雲、鯖雲はいったいどんな雲だろうか、鰊曇りはいったいどんな空模様か、中国人の私はいくら想像しても見当がつかない。辞書を調べたら鰯雲も鯖雲もつまり巻積雲のことで、鰯の大漁または暴風雨の前兆と記してある。さすが海に囲まれている国で、雲でさえ魚を使って表現しているのである。さらに『釣りと魚のことわざ辞典』を調べてみると、

　　鯖雲は雨
　　鯖雲出れば時化(しけ)となる
　　鱗雲が出た翌日は雨か風
　　鰯雲夕刻に出るのは晴れ
　　海洋に異なる魚が獲れると地震津波の兆
　　蟹陸へ多く上がるは津波の兆
　　鯰が騒ぐと地震

などがある。いずれも魚貝類が気候とかかわりのあるもので、気象関係を表している。漁は気候に左右されることが多いのだろう。ことわざには魚と気候に関するものが多いのも日本語のことわざの特徴の一つではなかろうか。それに対して中国ではどうであろうか。

　　喜鹊枝头叫，出门晴天抱　　（カササギが囀ると晴れ）
　　蚯蚓路上爬，雨水乱如麻　　（ミミズが地上に出ると雨）
　　蛤蟆哇哇叫，大雨就要到　　（蛙が鳴くともうすぐ大雨）
　　长虫过道，下雨之兆　　　　（蛇が道を横切ると雨の兆し）
　　燕子低梄，出门带蓑衣　　　（ツバメが空を低く飛んでいると、雨具を持っ
　　　　　　　　　　　　　　　　て出かける）
　　蚂蚁搬家，大雨滂沱　　　　（蟻が引っ越すと、大雨が来る）

　このように中国人の生活にごく身近なもの、カササギ、ミミズ、蛙、蛇、ツバメや蟻を取り出して気象現象を表している。そして韻を踏んでいるので、声を出して読むととてもリズミカルで覚えやすい。もちろん中国でも漁に頼って暮らしている地方もあるので、魚と気候関係のことわざがあるはずで

あるが、残念ながら今回の調査では1つもなかった。

4.3 嫁と姑

　嫁と姑の葛藤はどこの国でも話題になっている。中国では昔から「十対婆媳九対不和」（10組の姑と嫁では9組は仲が悪い）ということわざがある。南宋時代有名な詩人、陸遊は仲睦まじい妻が母に気に入ってもらえなくて無理矢理に離婚させられた話は今でも有名である。それにもかかわらず、姑と嫁に関することわざというと、「三年的媳妇熬成了婆」（3年間我慢していた嫁がやっと姑から家庭の実権を握るようになったという意味）以外はなかなか見当たらない。個人の憶測であるが、それは昔から中国では一夫多妻制で、姑と嫁の葛藤より正妻や側室同士との戦いがもっと必要だったのではないか。また嫁は姑に従うことが当たり前のことで、いびられても仕方がないという孔子様の教えからであろうか。現代に入って、都会では嫁に行くとか嫁をもらうとかの意識も薄れて、いびるやいびられるところでなくなった。田舎では一人っ子政策で女の子を産んだ嫁がいじめられることがある一方、生活能力がなくなった姑がいびられることもある。要は経済能力によるものである。その一方、日本ではどうであろうか。前出の辞典や『日本語大辞典』には姑と嫁に関することわざも少なくない。

　　夏蛸嫁に食わすな

　　秋鯖嫁に食わすな

　　五月鮒嫁に食わせるな

　　鯔（ぼら）の頭嫁に食わすな

　　鯊（はぜ）の洗いは嫁に食わすな

　　秋茄子を嫁に食わすな

　夏蛸も、秋鯖も、秋茄子などはみな美味しいものだから、嫁に食べさせたくない姑のいびりを表すことわざである。「秋茄子は、食べると体が冷えるから、食べると子ができないから」という理由で嫁に食べさせないという説もある。しかしこれは今時の解説ではなかろうか。私は来日して茄子は日本

人の食生活に欠かせないもので、食べ方も多いことに驚いた覚えがある。今まで茄子を食べられなかった私は天麩羅にしたり焼いたり揚げたり漬物にしたりして、茄子を料理するようになった。さらに「一富士二鷹三茄子」ということわざもあるように、茄子が日本人にとって美味しくて縁起もよいものだということが分かる。食料事情が決して良くない昔は、姑が嫁に食べさせなかったというのが実情ではなかろうか。

　姑の涙汁

　姑の場塞がり

　姑の嫁に対する同情がいかに少なく、そして意地悪く嫁を邪魔者扱いにするかが一目瞭然になることわざである。もちろん意地悪な姑に対して嫁もそれなりに反抗することわざもある。

　姑の前の見せ麻小笥（おごけ）

　これは姑の前でずる賢く生きる嫁の境遇を示していると思う。このように昔から日本の姑と嫁との戦いがどんなに激しいか、想像するだけでもぞっとする。中国では姑が嫁いびりの気持ちを表すことわざがないものの、同じ嫁の立場として、今を生きているのはなんと幸せだろうと、これらのことわざを読んでつくづく感じた。

5．動物に関する感情的な違い

5．1　牛と豚

　今の日本人の食生活を見て、中国と変わりなく、豚肉も牛肉も日常食生活には欠かせないものである。しかし、「食べてすぐ寝ると、牛になる」ということわざを初めて聞いて、「牛？　なぜ豚ではなく、牛になるの？」と、自分の耳を疑った。中国では豚は愚鈍で大食いで汚い怠けもので、有名な『西遊記』に出てきた猪八戒はその典型的な例である。牛は頑固で強情な一面があるが、大人しく黙々と人のために働くイメージがある。牛のように働いている人は高く評価される。食べてすぐ寝る人はまるで怠けて太る豚のような

ものと見られる。したがって、「ブタ」は中国語では罵る言葉としてよく使われている。しかし、同じ食後すぐ寝ると、日本語では牛になる。牛は太ってもいないし、怠け者でもない。なぜ牛になるとたとえるのだろう。

『ことわざの謎と裏』（北嶋広敏著、太陽企画出版）によると、これは子供の躾の意味で言われたものである。子供が食後すぐ寝ると、つまり口にいれた食べ物を噛みながら横になるのは牛の反芻に似て、行儀が悪い。日本語ではただそのことを戒める言葉のようであるが、それと比べると中国語の「豚になる」というほうがはるかにきつい表現だと言える。中国語には動物にたとえたりして相手を侮辱する表現が多いと思う。イヌ、ブタ、ニワトリ、アヒル、サル、キツネ、カメ、ヘビなどがいずれもマイナスのイメージの一面があるので、日常生活の中で悪口の常套句に登場する。私の知っている限りでは日本語には罵倒語が中国語と比べると、非常に少ない。「豚野郎」のほかにまだどれぐらいあろうか。「和み」を重んじている日本文化がますます魅力的に映る。

ちなみに十二支の「亥年」は中国や朝鮮では「ブタ年」であるが、なぜか日本では「イノシシ年」という。中国人が亥（豚）年だったら肩身の狭いような思いがあるが、日本人は猪のように力強く突進するので、とても誇り高いと言われている。

5.2　豚肉と牛肉

日本の方と一緒に中華料理をするとき、肉と一緒に炒めるとか話をすると、きまって日本の方に何の肉ですかと聞かれる。中国人（漢民族）は肉といえば豚肉のことで、みんなわかっている。ほかの肉の場合、はっきりと「牛肉」、「鶏肉」と言う。しかし日本では肉じゃがなどのようにたんに「肉」と言った場合は牛肉を意味する。それ以外の場合は「豚汁」「豚カツ」のように明記する。もちろん牛丼のようにはっきりする場合もある。日本のスーパーでも豚肉より牛肉のほうが高い。全体から言えば中国人は豚肉を、日本人は牛肉を好んでいると言えよう。

5.3 犬

　日本人の友人と一緒に渋谷に行った時、忠犬ハチ公の話を聞かされ、銅像をなでながら考えた。中国でも小説に忠犬の話が登場するが、銅像を立てられている話はまだ聞いたことがない。ハチ公は素晴らしいが、ハチ公を忘れない日本人はもっと素晴らしいと思った。

　ところで、私が妊娠して凡そ5ヶ月のころ、戌の日に岩田帯を締めたほうがいいよ、と病院の助産婦に言われ、わけもわからなく帯を締めて日本橋の近くの水天宮に出かけた。行ってみたら、ちょっと驚いた。そこにも犬の像があった。犬は出産が軽いから、安産の守護神とされているのである。ただの犬（狗）のことなのに、なぜここまでやるのと首を傾げた。

　犬は古くから人間の生活と深い関係を持ってきて、人間に親しんできたものである。しかし昔から中国人が犬に対して持っているイメージはそれほどいいとは言えない。忠義の犬である一方、スパイ、裏切るもの、権威にへつらうものである。

　　狗嘴里吐不出象牙　　（犬の口から象牙は生えない。下品な人間が立派なことを言えるはずがない）

　　狗眼看人低　　　　　（犬の目には人間が低く見える。自分がつまらない人間のくせに他人より優れていると思い上がるたとえ）

　　狗仗人勢　　　　　　（犬が人の力を笠に着る。他人の勢力を笠に着て人を馬鹿にする。）

　　狗屁　　　　　　　　（話や文章がでたらめである、へたくそである）

　このようにことわざや熟語に登場している犬はマイナスのイメージばかりである。

　日本の辞書を引くと、犬が登場することわざも少なくない。

　「犬の糞」「権力の犬」「犬死に」「犬の遠吠え」

のように中国と共通のイメージを持つものもあれば、

　　犬も歩けば棒にあたる

　　犬に論語

犬、骨折って鷹の餌食になる

のように中国ほど犬を憎んでいないものも少なくない。ここから来た原因かどうかわからないが、いつも犬を連れてお散歩の日本人を見て、現代の日本人はよほど犬が好きだなと感じた。

　中国語の授業で学生、特に女子学生に家族の構成について会話してもらうと必ず登場するのはペットの犬である。日本人にとってはペットの犬は家族の一員かもしれないが、中国人にとって、ペットでも番犬でも犬はあくまでも犬で、動物の仲間で人間と同じレベルで扱ってはいけない。

　中国、主に南のほうには犬を食べる習慣もある。日本人が土用にうなぎを食べるのと同じように、私の故郷では酷暑を乗り越えるために真夏に狗肉を食べる。また薬膳料理としておねしょの子供に漢方入りの狗肉料理を食べてもらう。狗肉は店へ行ってすぐ買えるものではないので、珍しがられる。そんな話をしたら、「残酷すぎる！ひどい！」と泣きそうになる学生がいた。確かに残酷かもしれないが、しかし豚肉も牛肉も鶏肉も魚も狗肉とまったく同じく生き物からできたものであると納得させようとしても、効果がぜんぜんない。5、60年前まで日本人も狗肉を食べていたそうだが、今の日本人は狗肉を食べるのに嫌悪感を持つようになった。それは生活が豊かになったからだと、それだけでは説明できないようである。なぜかというと、中国では生活の豊かな人ほど珍しいものを食べたがるからである。やはり多民族のなかをタフに生きている中国人の民族性と植物にも生き物にも優しく、繊細に且つ和やかに生きている単一民族の日本人の民族性との違いからではなかろうか。

6．おわり

　本稿では、中日両国の文化や発想の異同について、いくつの言葉の面から浅く見てきたが、一つ一つのテーマとしてもっと深く考察する必要があると思われる。すべて今後の課題としたい。

参考文献

北京商務印刷館編集、小学館編集 2002『中日辞典』小学館

梅棹忠夫他監修 1995『日本語大辞典』講談社

水谷　修 1983『話しことばの表現講座日本語の表現（3）』筑摩書房

二階堂清風 1998『釣りと魚のことわざ辞典』東京堂出版

佐々木道雄 1996『朝鮮の食と文化―日本・中国との比較から見えてくる―もの―』むくげ叢書 4

高嶋泰二 1985『ことわざの泉』北星堂

北嶋広敏 1997『ことわざの謎と裏』太陽企画出版

文化とことば−外から見た場合

ルドルフ・シュルテペルクム

　文化とは、人々が何もかも忘れてしまったとしてもなお残っているもののことである。

　　　　エドワー・エリオ (Edouard Herriot)

1．序

　わたしは残念ながら、恵泉女学園大学が主催した『日本語のことばとこころ−外からの視座』をテーマとしたシンポジウムに参加できなかったので、今回はある意味で部外者としてここで書いている。当シンポジウムの副題は『外からの視座』であり、また、文化を理解するには外から見ることは最も大事なので、わたしが書こうとしているテーマの副題としても『外から見た場合』を付けた。

2．「文化」の日常的な使い方

　わたしたちは日常生活の中で特に考えずによく「文化」ということばを使っ

ているし、アイヌ文化、日本文化、縄文文化のように、頻繁に特定の民族、国、時代と結びつけている。また、文化ホール、文化学園などにもよく使われている。現在の日本語で、文化ということばがどういうふうに使われているかを調べるために、「文化」を検索対象として使い、それがページのタイトルに含まれているもののみで、どのぐらいあるかインターネットで検索してみた。結果として約215万件も出た。

その中にはなるほどと思われるものもあれば、逆にいったい文化と関係があるのか、ちょっと不思議に思われるものもある。いくつかの例を記してみよう。

国際文化理容美容専門学校
Bunka Fashion College
文化放送
文化通信
多文化共生センター
水の文化センター
財団法人 日本原子力文化振興財団
横浜文化体育館
ギター文化館
焼肉文化ホームページ
文化シヤッター株式会社
八ヶ岳自然文化園
森林文化.com

原子力やシャッターなどは文化とどんな関係があるだろうか。文化シヤッターができる前のシャッターはみな非文化的だったのだろうか。では辞書で文化はどういうふうに定義されているかを確かめることにする。

2.1 文化の定義

広辞苑（第2版）を見ると次のことが書いてある。

①世の中が進歩し文明になること。ひらけること。文明開化。
②文徳で民を教え導くこと。
③（culture）人間が学習によって社会から習得した生活の仕方の総称。衣食住を始め技術・学問・芸術・道徳・宗教など物心両面にわたる生活形成の様式と内容を含む。

これだけ広い意味のものなら、人間社会のほとんどの要素や現象が網羅される。「水の文化」、「焼き肉文化」や「文化シヤッター」まであってもいいはずだ。

参考までに The American Heritage Dictionary [1] と比較してみよう。

　a The totality of socially transmitted behavior patterns, arts, beliefs, institutions, and all other products of human work and thought.
　b These patterns, traits, and products considered as the expression of a particular period, class, community, or population: Edwardian culture; Japanese culture; the culture of poverty.
　c These patterns, traits, and products considered with respect to a particular category, such as a field, subject, or mode of expression: religious culture in the Middle Ages; musical culture; oral culture.
　d The predominating attitudes and behavior that characterize the functioning of a group or organization.

前記の広辞苑と比較するとそれぞれの定義の仕方に相違があるので再検討が必要になると思われる。

3．文化の定義の再検討

　上記の英語の定義と広辞苑の定義を比べるとまず①と②は英語にないことに気が付く。また、日本語には英語のｄの項目がないことも注意を引く。しかしこのことこそ、人類社会学の観点から見れば、異文化の理解には最も大事だと思われる[2]。ドイツ–日本研究所の所長であるフローリアン・クルマス氏は次のようなことを言っている。

　……しかし誰しも無意識の推定や規準に基づいて行動する。それらは、ある社会にその特有の性格を与えているものの多くを内包しており、それを我々は普通文化と呼ぶのである[3]。

　これはやはり上記の英語の定義のｄの部分に当たり、しかもそれは無意識に行われていることに注目したい。この無意識性に関して、欧米豪州で、ノンバーバル・コミュニケーションやグループ・ダイナミックスに関するワークショップを行い、したがって異民族や異文化に鋭い観察力を働かせている、アメリカ人のマイケル・グリンダー[4]がおもしろい観察を述べている。

　わたしのノルウェーでの初めての講習会であった。開始して45分経ったところで、わたしは参加者に背を向け、フリップチャートに、或る引用文を書いたところ、会場に集まった３分の１ぐらいの人達が驚いたように急に口を開けて息を吸い込んだ。わたしのアメリカ人としての自然な反応は「みんな肺気腫でもおこしたのだろうか。」であった。が、わたしは、自分のその自然な反応が自己中心の文化的背景に強く影響されていることを意識しながら、同じ現象がまたおこるのを見守っていた。２日目の講習会が終わったとき、その急な息の吸い方は、感情を入れた、同意意志表現だったのだと解釈した。つまり文化を背景とした反応だったのだ。

文化というものを公式に定義すれば、それは人間のあるグループに共通している信仰、価値観や行動ということになる。もっとひらたく言えば、それは我々がみんなしていることであり、そしてみんながしているから、それをやっていることに気が付かないことになる。たとえば、その講習会の３日目の朝に、わたしは皆と、我々は教師としてどんな文化的な特徴を持っているだろうかということをテーマにしてディスカッションしていた。具体例としてわたしは「ノルウェーでは、我々は言われたことに対して感情を入れた形で同意したいとき、息を急に口から吸う」と言いながらそのまねをして見せた。会場に集まったみんなが同時に同じように息を吸った。そして、すぐそのあとに「いや、そんなことはしていないよ。」と言った。人類学者のマーガレット・ミードは「もしも人類学者が魚だったら、水を発見するのはいちばん最後になるだろう。」とうまくこのありさまを表現している[5]。

４．文化やことばが変化する

　わたし自身は今まで通算20年近くドイツ以外の国で生活してきた。初めの２年間フランスで、その後、７年間での日本滞在を終え、1974年に９年目に１度ドイツに戻ってきたとき、どうも外国に来ているような気がしていた。わたしがいない間に、確かに生活様式もかなり変わったが、長い間留守にしていたため、昔は人々の行動に関して気が付かなかったことまで気が付くようになっていたのだ。つまり上記のグリンダー氏のノルウェー人の例が示すように、あるグループや社会にそのメンバーとして入っている場合、自分も皆と同じことをやっていることに気が付かず、無意識にやっている。よそのグループや社会を外から観察するとき、それがすぐ目立ち、自分が生まれ育ったところから時間的・距離的にかなり長く遠く離れていれば、その社会もやはり外から見ることとなり、昔気が付かなかったことがすぐ目に付く。

わたしがドイツにいなかった9年間に、生活様式や人の行動ばかりではなく、ことばそのものも変わっていた。今でも気になるが、70年代後半から、「in 1975 経済成長は3％と見込まれる」というような表現がテレビ、ラジオ、新聞などで目立つようになった。以前はドイツ語で西暦で年を表す場合、普通は何の前置詞も使わず、ただその年「1975」を言った。どうしても強調したいとき、「im Jahre 1975」というちょっとくどい言い方が必要だった。しかし元々からあった「1975」という言い方はいちばん短く、いちばん経済的なことは確かだが、例の「in 1975」は「im Jahre 1975」という長い言い方を短くした形ではなく、明らかに英語の直訳としてできたものなのだ。

　たまたま、慌てて作った翻訳には誤訳が残って、ニュースなどで放送されてしまう。それを頻繁に聞く人にとってそれが普通になり、皆、無意識にそのまねをしはじめる。

　日本語も英語からの直訳の影響で変わってきている。このごろは誰も「よりよい生活のために」というような表現に対し違和感を持たないだろう。でも「より」は元々比較の出発点となるものを必要とし、「AよりもBのほうがいい」というような言い方にしか使わなかった。が、多くの横文字の文書が、元来日本語になかった言い方で訳され、とうとうそれが日本語の中で市民権を得た。

　また、日本語には流行語が非常に多く、出たり消えたりがとても速い。何が、いつ、どういう観点からはやりことばとなるのかは把握しにくいが、わたしの記憶には次のことばがはっきり残っている。「賢い」という単語は、早稲田大学国文科の3年生のとき『虫愛ずる姫君』を読んだとき覚えた。その前も後も耳に入らなかったので、わたしはそのことばに対して古典的なイメージをもっていた。しかし8年後に立教大学の独文客員教授としてまた日本に来たとき、その「賢い」はちょうどはやりことばとなっていた。ほとん

文化とことば－外から見た場合　　81

ど毎日のように、特に学生達の話の中に出てきた。もしわたしがその間ずっと日本にいたとしたら、気が付かなかったかもしれないが、その間の6年間のドイツ滞在によりわたしの頭に、1974年の日本語と1980年のそれの2つの時間的な経過の断層のようなものがあってこそ、そのことばづかいに気が付いたのだろう。やはりある社会からしばらく離れていてまた戻ってきたとき、その間に変わったことにはすぐ気が付くものである。

　2004年にわたしはそれまで18年間も住んでいたルール地方のボーフムという町から大都市のケルンに住まいを移した。ケルンで生活を始めると新しい挨拶ことばを覚えた。それは今までボーフムなどで聞いたことのない「ハーロー」だ。初めのうちスーパーのレジの人や近所の人から「ハーロー」と言われたとき、妙な感じがした。わたし自身は、前からごく親しい友達に久しぶりに会ったとき、たまに「ハロー」と言う。アクセントは後ろのほうに来る。それに対してケルンではやりだした「ハーロー」は、両方の母音が延びていて初めの「ハ」で音が少し上から下がってくる。つまりドイツ語に普通に見られない高低アクセントのようである。「ハーロー」と言われる度にわたしは相手に対し、それほどの親しみを感じないので、たいがい Guten Tag などのことばを使い挨拶する。時々前に住んでいたボーフムに用があって行くことがあるが、そこの人ももしかしたら「ハーロー」と言うかどうかに注意してみた。おもしろいことに最近それがボーフムでも使われるようになってきている。やはり大都市からどんどん広がるようだ。

　地名が時代の移り変わりにつれて変わっていくのも注目すべき現象である。ここでは江戸が意図的に東京に変えられた場合ではなく、元の名前が、時が経つにつれて、少しずつ変わっていく例を考えたい。わたしが生まれた町・ケルンはちょうどそのいい例になる。雑談になってしまうが、1967年に初めて日本に来たとき、東京のあちこちで「ケルン」と名付けられた喫茶店が目についた。わたしの生まれた町は日本ではそんなに知られているはず

がないので不思議には思っていたが、少し自分の出生地を自慢する気にもなった。ある日、フランス文学者とその話をしたとき、ちょっとがっかりした。つまり、そのあちこちにあるケルンという喫茶店はドイツの Köln からではなく、フランス語の cairn（山頂や登山路に石を積みあげて、記念や道標とするもの・元々ケルト語）から来ているのだそうだ。

　また町のケルンに戻るが、この町は西暦 50 年にローマ帝国の植民地として建立された。正式な当時の名前は Colonia Claudia Ara Agrippinensium で、これは CCAA と略された形で現在のケルンに残っているローマ遺跡に見られる。Colonia は植民地という意味で、何の植民地かというと、それは Claudius 皇帝のものだと 2 番目のことばの Claudia が教えてくれる。3 番目の Ara はその植民地はどこにあるかを指している。つまり Augustus 皇帝の祭壇があるところだ。紀元前の Augustus 皇帝のとき、すでに当地にローマ軍の基地があり、そこで Augustus 皇帝を礼拝する祭壇が作られた。4 番目の Agrippinensium は西暦 15 年に当基地で Germanicus 大将の娘として生まれた Agrippina のことを指している。ちなみに本人は後ほど叔父である Claudius 皇帝と結婚し、息子のネロを生む。そして息子を皇帝にするため、夫を殺している。ネロに関してはご承知の通りだが、Agrippina は初のドイツ生まれのファーストレディーであるにも関わらず、ドイツ人でこの歴史を知っている人はごく少ない。あまり名誉な話でないからだろうか。

　年月が経つにつれて、Colonia という名前が少しずつ訛り、中世からケルンという、1 拍で発音される形に落ち着く。綴り方として Cöln と Köln 両方が共存していた。1861 年に、日本からの初めての使節団がヨーロッパを訪れたとき、福澤諭吉らは、2 日ばかりケルンにも滞在した。プロシア政府の命令書には、当時のケルンの正式な綴り方は Cöln となっていたが、ケルン市当局はそれに反対し、Köln を固持した。1919 年に正式に現在の Köln に落ち着いた。

ところで周りの国ではケルンのことをどういうのか。言語学的な観点から見れば、外国の地名はほとんど死語と同じように姿を変えないぐらい安定している。ご存知の方も多いと思うが、ケルンのことは英語で Cologne（2拍で発音される）という。また、フランス語では Cologne（3拍）、イタリア語では Colonia（3拍でコロンヤと発音される）、そしてオランダ語では Keulen という。ドイツ語だけは、元々4拍であったラテン語の Colonia が1拍の Köln となった。

この例が示すように外国語には古い形が残っている。日本の通貨の円は英語などで何で yen というのか不思議に思う人がいるかもしれない。それもやはり、昔「ゑん」であったのがその古い形でまだ外国語に残っていることの証拠だ。

5. 異文化接触のことばへの影響

昔から異なった民族が互いに接触した場合、それぞれのことばに影響を与え合った。日本で言うとそれはまず漢字および漢文、後ほどポルトガルの宣教師によるポルトガル語、鎖国時代の蘭学によるオランダ語などから来た外来語、明治初期の英・独・仏語の外来語およびその借用訳である。ヨーロッパでは中世までコーヒーがなかった。コーヒーの木はアフリカの植物で、北アフリカの遊牧民族が、そのコーヒーの木の実をつぶし、脂身と混ぜ、団子にした形で移動中の食料品として使っていたらしい。また、その殻と果肉を発酵させワインも作ったようだ。その植物がアラビア人に伝わり、煎った豆（実は種）は飲み物の材料になった。アラビア語の qahwa は元々コーヒーとワインと両方の意味があったらしい。このコーヒーはアラビアからベネチアの商人によりトルコ経由で16、17世紀にまず南ヨーロッパに広がった。ヨーロッパのそれぞれの国のその飲み物に使われている今の名称を比べてみるとその共通の語源がわかる。

kahve（トルコ）、caffè（伊）、café（西、仏）、Kaffee（独）、koffie（蘭）、coffee（英）。日本語のコーヒーはもちろん、当時の鎖国時代のただ1つ世界への門であった長崎の出島を通って入ってきた、オランダからの外来語である。

普通の人にとってコーヒーは砂糖なしでは苦すぎ、砂糖がつきものだ。では砂糖のことはそれぞれのヨーロッパのことばでどういうのか見てみよう。sugar（英）、Zucker（独）、sucre（仏）、suiker（蘭）、zucchero（伊）、azúcar（西）などは皆アラビア語の sukkar から由来する。8世紀にアラビア人にスペインが占領されたときヨーロッパに入ってきた。もっとさかのぼるとアラビア語の sukkar はペルシア語の shakar から来ていて、それはまたサンスクリット語の śákarā から来ている。コーヒーや砂糖以外に chemistry（化学）、algebra（代数学）などもアラビア語からヨーロッパに広がってきた。

異文化交流の結果として、時々こっけいなことばもできる。ヨーロッパの七年戦争時代（1756-63年）にプロシアの兵が捕虜としてパリまで来た。そこでドアや窓についている、手紙などが手渡しできるような小さい扉つきの開け口のようなものを初めて見た。今まで見たことのないものだったので見るたびに Was ist das?「それ何」と聞いた。それを聞いたフランス人がおもしろがってそのまねをして、その窓口を vasistas と呼びはじめた。現在のフランス語の国語辞典にも載っていることばだ。

6．異文化理解

異文化や異文化理解というと、我々は、普通は自分の国とよその国の関係を考えるが、ほんとうは自分の国の中でもちょっと移動すれば、やはり異なった文化に接することとなる。例えば、夏目漱石の坊ちゃんが四国の松山に来たとき、かなりの異文化体験をした。明治時代に比べると、今は交通は非常

に便利だし、人の移動も頻繁になっている。むしろ動かないでずっと同じところにいる人のほうが少なくなっている。多くの人の頻繁な移動により、50年ないし100年前に比べ地方のそれぞれの文化の特徴はやや薄くなったが、まだあることはある。たとえば東京の世田谷区に住んでいる人が東京の下町の純粋な江戸っ子のところへ行ったら、ことばづかい、話し方、表情、身振り手振りなどの違いに気が付くはずだ。ただ、同じ国、いや、同じ町にいるから目隠しをしているように、それに気が付かないだけなのだ。

我々は1日のうち、家で家族を相手にしたり、会社や学校へ行ったり、昼食を同僚や同級生と一緒にしたり、仕事の後、仲間と一杯飲みに行ったり、放課後クラブ活動したりするが、それぞれの場面で行動や、相手との接し方が適当に変わってくる。つまり、考えずに自分をそれぞれの環境に合わせているわけだ。言ってみればそれぞれの場面は違った文化であり、我々は無意識に、適当に自分を合わせていることになる。人は、小さいときから自然に行われている社会化の結果として、それができるようになっているのだ。したがってすでに複数の文化に属していると言えよう。

しかし国境を超えて異文化接触となると、我々は大人として、それを当たり前のこととして受け入れるチャンスがない。幼いときと違って、自分の個性がすでに固まっているので、自然な合わせ方はこの場合にはできない。では大人としてそのときどうすればよいだろうか。第1にできるだけ観察すること。第2にその観察したことを解釈したり評価したりしないこと。解釈したり評価したりするとき、我々はどうしても自分の今まで体験した文化の規準で行う。その結果として我々はその観察したことにXというレッテルを貼り、次に同じことを観察するとき「あっ、これはXだ。」と思い込む。ただその第一印象は間違っていることも多いのだが、もうわかったつもりで、それ以上よく観察しようとしない。

間違ったレッテルを貼らないようにするには、観察したことに対する判断をしようという自然な欲望を意図的に抑える他ない。そうすると、その既に観察したことを、ありのまま再観察ができ、それぞれ、条件やニュアンスが少しずつ違うことに気が付く。10回か20回"同じこと"を観察しているうちに、それがその社会において持っている意味が現れてくる。言ってみれば、この観察による異文化理解はある意味で外国語のいわゆる自然学習と同じことだ。日本に長く住んでいて日本語の授業を全然受けないのに、いつの間にか日本語がかなりの程度までわかるようになった外国人を何人か知っている。その人たちは周りの日本人の言語行動に興味を持ち、日本人同士の会話と、それに伴う行動をよく観察した人で、何度か似た場面で似たことばが出てくることに気が付き、いつの間にかその言っている内容を理解しているのだ。赤ん坊のとき我々はやはりこの方法で母語を習っている。

　観察のみでよその社会の文化を理解するのはもちろん時間がかかる。その期間を短縮するためには、適当な相手を見つけて、自分が観察したことを話し合ったり、自分の行動の自信がないところを相談したりすればよい。また、常に観察することが習慣になれば、相手のノンバーバルな反応で自分のその異文化に対する思い違いにも気が付くようになる。このようなことを毎日やって行けば、観察力も鋭くなり異文化理解も速くなる。

6.1　具体例

　日本人男性同士が話している。
　　Ａ：こんどの土曜日にゴルフに行きませんか。
　　Ｂ：(唇をちょっと開けながら歯と歯の間で息を吸う音を出す。)
　土曜日ですか。(また例の音を出す。)確か、何か用事があったような気がします。ちょっと手帳を見ます。ええ、やっぱり予定が入っているんです。せっかくですが……
　　Ａ：そうですか。じゃ、また今度。

上記の場面でAという人はBの初めのノンバーバルの反応で、自分の誘いはうまくいかないということが無意識のレベルでわかる。Bもおそらく、意識的にはまだ断っていないが、ある意味では、それに続くことばと行動は、ただ相手との関係を保ちたいという気持ちを示すために使っている。上記のノルウェー人の例と同様に、日本人は自分たちがやっていることに気が付かないかもしれないが、その歯を通した息の吸い方は、次に来る断りの前触れだと考えていい。

日本人は無意識でやっていても、異なる文化を背景にした人間には、特異に感じ取られるのである。

会話例の日本人男性の特別な息の吸い方に対して、在日中の欧米人たちはよく、日本人はそれを困っているときにすると思い込んでいる。でも、それはその現象を表面的に見て判断を早くしすぎたと言わざるを得ない。なぜなら、よくよく観察すると彼らは別に困っていないときにでも度々このような特別な息の吸い方をしているからである。そしてそれはどちらかというと、困ったときよりも相手の期待に添えないときに使っている、というのが現在のわたしの感想である。先にも述べたように、1、2回しか観察しなかったことにレッテルを貼ってはいけないということをもう一度注意しておきたい。

日本の男性が例外なしにそういう場でその音を出すとは限らない。わたしにはもう25年付き合っている日本人の友人がいる。わたしはその人が例の音を出したのを1度も聞いたことがない。断るときは、「土曜日はちょっと」など、ことばだけで断るわけだ。ただ彼が1度、日本人の同僚と3人でドイツに来て、デュッセルドルフで開かれたシンポジウムの司会をしたとき、初めの2分の間に10回ぐらい例の音を出した。わたしはそれを見て実に驚いた。しかし考えてみると、司会者として皆の希望に添わないことを言う必要もあり得るので、その気持ちで例の音を出したのだろう。それともただ間をもたせるためだけだったのだろうか。

6.2　目的文化・言語への同化

　外国に住んでいる場合、当地の言語や文化を速く獲得しようと思ったら、そこの人間になったつもりで生活すればよい。かなりの人は、そうすると自分のアイデンティティーを失うと懸念して、それを避けている。でもその心配はいらない。元々のアイデンティティーは根強いもので、けっして消えることがない。上ですでに述べたように我々は複数の文化に属している。外国の社会へ同化することにより自分の今までの行動と態度にもっと幅が出るわけだ。

　わたしは1度、自分を周りの同年代のドイツ人に完璧に合わせた日本の女性と会ったことがある。場所は、わたしが試験官をしているデュッセルドルフの商工会議所の日独通訳試験場であった。試験を受ける人は実際の通訳試験の前に5、6分間、日本事情やドイツ事情について答えなければならないことになっている。つまりドイツ人だったら日本語で日本に関する知識を、日本人だったらドイツ語でドイツに関する知識を問われるわけだ。その中の1人の20代の日本の女性はドイツ語が非常に上手で、ノンバーバルの反応までドイツ人と同じことをやっている。それは何かというと、聞かれたことに対し、すぐ答えができない場合、唇を閉じたまま息をプフッと破裂させる。意味としてはおおざっぱに日本語の、聞かれたことに対して答えが出てこないときの「知るもんか」から「えーと」や「いやー」の意味の広い領域に当たるようだ。質問応答が終わったとき、わたしは当人に「今まで答えがすぐにわからないことが何回かありました。そのときノンバーバルな面で何をしましたか。」と聞いてみた。そう聞かれても本人にはピンと来ない。「じゃあ、もう少し質問させてもらいます」と言ってまず、易しい質問をした。もちろん、答えがすぐ出てきた。次に難しい質問したら、やはりプフッが出てきた。「ほらそれ」と言ったら本人が言われたことがわかり、謝りはじめた。わたしは、別に謝らなくてもよいと言い、ただ日本語を話すときもそれをするかどうかを聞いた。すると彼女は激しく頭を振って否定した。わたしはひと安

心した。つまり本人はかなり現在囲まれている文化に同化していても、日本語に対する語感を失っていないし、その音は日本では失礼にあたることもあるということを意識していたのだ。

　ドイツ人の間では例のプフッは若い人の場合よく見られるが、40歳以上の人はほとんどしない。それはおそらく、わたしがドイツにいない間に現れてきたのだろう。人によってはそれを外国語を話すときにも使う。わたしがまだ直接日本語教育に関わっていたとき、その音がくせになっていた人にいつも注意した。なぜなら、日本語ではよく似ているプッは軽蔑するときにも使われるからだ。

　ときどき、文化と文化が混ざり合う場面で、両方の文化に慣れている人がその場でどれに従えばよいのか迷うことがある。たとえば日本で、わたしは何回かアメリカ人やドイツ人のパーティに呼ばれたが、そこに夫婦で来る人はしばしば、夫が外国人で、奥さんが日本人という組み合わせとなっていた。パーティは外国人の家で行われているので、基本的にそこでの共通言語は招待主の母語、つまり英語かドイツ語となっている。英語やドイツ語を話しているとき、もちろん人に挨拶をする際、握手したりする。しかしその場で日本人同士が初対面のとき、日本式でやるのかそれとも西洋式でやるのか、ためらっていることが間々ある。英語やドイツ語を話せば、たぶん自然に握手となる。しかし日本語で自己紹介したりすると、身振り手振りまで日本的にするのかどうか、迷うことになるのだ。時々片方が握手しようと思い手を出し、同時に相手がお辞儀をしはじめる。両方が自分がしようとしている行動は合わないと気付き、同時に切り替える。今度は握手しようと思った人がお辞儀をしはじめ、相手が手を出し、また合わない。場合によってそれが3回ぐらい繰り返される。ちょうど狭いところで人とすれ違うとき、2人とも相手を避けようとし、同じ方によけてまたぶつかってしまうのと同様に、ちょっとこっけいに見える。その無限ループから抜けられるように、2人のどちら

かが「日本式でいきましょう」や「洋式でいきましょう」と言えば、そこから抜け出せるのだ。

6.3　コード・スイッチング

　言語学ではバイリンガルの人同士がことばを混ぜて使うことをコード・スイッチングという。日本に住んでいたときわたしの子供たちは当時まだ東京の大森にあったドイツ学園に通っていた。そのような教育機関には母語しかできない子とバイリンガルの子と、両方いる。ドイツ学園ではもちろん共通言語はドイツ語となっているが、バイリンガルの子同士が話すと、話題や場面、気持ちにより、日本語に切り替えたりドイツ語の中に日本語を1単語を入れたりといろいろだ。その混ぜことばを見るのはおもしろい。たとえば、

　　Wir treffen uns am *eki*.（駅で会おう。）

のようなことはよくある。おそらく、話者の気持ちでは、ドイツにあるBahnhofと日本にある駅は形も様子も違うから、そのものを言い表すにはその日本語を使うのだろう。もう一つよく耳にした表現は、

　　Ich bin *komaru*.（困っちゃうな。）

だった。コマルは実際に短く、便利な言い方で、いろいろな場面に使える。それに対して、ドイツ語では、場面によって違う表現が必要となる。したがって、ここではことばの経済性が機能しているのが観察できる。つまり短い、しかも便利な言い方はくどい表現よりよく使われるということだ。

　ドイツに住んでいる日本人同士の会話を聞くと同じようにコード・スイッチングが見られる。たとえば町で特定の日に野菜などを売っている市場がある。が、日本人はこのことを「市」や「市場」と言わず、マルクト (Markt)

と言う。やはり日常生活でほとんど毎日ふれるものに対して現地の言い方を使う傾向があることを現している。しかし、もっとおもしろいのは次のような場合だ。日本人同士が相手にきついことを言いたいとき、つまりけんかのとき、意図的にドイツ語に切り替えることがある。たいてい「次のことは日本語で言えないからドイツ語で言わせてもらう。」のような導入を伴う。不満をドイツ語で吐き出したら、また日本語に切り替え「どうしても打ち明ける必要があった。これですっきりした。」などと言い、日本的に相手との調和を保とうと努力する。

6.4　国際化のトレーニング

　このごろ企業の国際合併が目立つ。合併した組織の共通語は普通英語となっている。ネイティブ・スピーカーと非ネイティブ・スピーカーが英語で会話をすると、まずことばの面で誤解が生じ得る。しかし会話そのものが表面的にスムーズにいっても、それぞれの文化の違いによって起こる誤解はやはり生じる。これはもっと怖い。おもしろいことに非ネイティブ・スピーカー同士の英語では、ことばによる誤解は比較的少ないが、文化の違いによる誤解がやはり前者、すなわちネイティブと非ネイティブの対話と同じくらいに起こる。最近ダイムラー・クライスラー社などがこの問題を社内でどういうふうに克服できるかを研究し始めたらしい。またいろいろなコンサルタント会社がいわゆる異文化トレーニングを提供している。わたしが以前勤めていた州立言語研究所の日本語学科（通称ヤポニクム）も 2000 年以来そのようなトレーニングをしている。内容はヤポニクムのスタッフが担当するものもあれば、よそから呼んだある特定の分野の専門家に任せるものもある。主な目的は、日本でのあらゆる場面でのふるまいを教えるのではなく、それよりも異文化に対する意識や感度を高める訓練をさせることにある。導入としてよくドイツ人受講者に、見たことのない、使用の仕方が想像しにくいもの、例えば茶の湯の道具の 1 つとか、衣紋掛けなどを渡し、口で描写してもらう。1 人がその渡されたものの材料や形について一言話し、それを隣の人に渡す。

２番目の人がたぶんそのものの色や重さについて一言述べる。それが人から人へ渡されていくうちに、客観的に描写できることはすでに前の人が言ってしまっているので、いつの間にか皆が課題の描写から離れ、勝手に想像した使い方や価値観などに移っていく。そのラウンドが終わったら皆に今言ったことを反省させる。すると敏感な人は元々の課題から離れて、自分の文化背景に基づいた勝手な解釈をしたことに気が付く。

　また、日本人の断り方についてのビデオも見せたりする。例えば、A（外国人）がB（日本人）に無理なお願いをしているシーンで、Bが視線をちょっと右下にずらせ「難しいですが……」と言う。それにもかかわらず、Aは「どうしても必要ですので、ぜひお願いします。」と念を押し、Bは相変わらず同じ態度、同じ口調でただ「難しいですが……」と繰り返すだけだ。ことばのレベルではただ相手の依頼をのむのが難しいように見えるが、ノンバーバルの面でその依頼は無理なようで、それ以上押せば、互いの関係を悪くすることがはっきりしている。

　別な日本人同士のシーンで、若い人が楽器屋に壊れた三味線を持ち込み、その修理を頼む。店長がその楽器を調べ「相当やられてますねえ」と言う。で、客が「お願いですが、あさってまでに修理していただけせんか。」と頼む。

　店長：え、あさって？　無理ですよ。
　客　：でも、土曜日に演奏会がありますのでぜひお願いします。（と頭を
　　　　下げる。）
　店長：じゃあ、できるだけのことをやってみます。

　このシーンを見ていたドイツ人の１人が、わたしだったら楽器を持って別の店に行く、と自分の感想を述べた。本人にとって店長の対応の仕方はあまりにもあいまいすぎるらしい。しかしドイツなどで起こり得る結末、つまり「頼んだ部品が来なかったから、やっぱり修理ができなかった」というよう

なことは日本では絶対に起こらない。もしも何らかの理由で予定通りに修理ができなかったら店のほうがおそらく客に他の楽器を貸したり助けたりするだろう。

　日本の会社で6ヶ月間働いたことのあるドイツ人に、1度異文化コースで体験話をしてもらうことにした。本人はエンジニアで、まずドイツではヤポニクムのそれぞれ3週間ずつの初級1および初級2の集中講座を受けたあと、日本でまた6週間の特別な日本語の集中訓練を終えてから、日本の受け入れの会社に入った。入ってから間もなく日本人の同僚技師と自分の仕事の分野について議論したり、人の前で発表したりすることができるようになった。ということは専門分野に限り、日本語はかなり短い期間で相当上達したということが言える。

　受講者を前にしての体験話は昼休みのあとの予定だった。遠くから来たので彼は早めに着いてわたしと一緒に食事をしながら、何を話すか説明してくれた。どちらかというと彼は日本社会を否定的な目で見るタイプだった。それもこれから日本に行く人達への参考になるので、わたしは別に構わなかったが、彼がぜひ話したがっていたことのうち、1つだけ止めさせたことがあった。本人はヤポニクムの初級1コースでは、チョットということばをスコシの意味で覚えた。日本で生活を始めて、ある日近くの食料品店に砂糖を買いに行ったが、見つからないので、店員に「砂糖ありますか」と聞いたら、店員が自分の胸の前で手を横に振りながら「ちょっとないんですけれど」と答えたらしい。彼は、この人はちょっと頭がおかしいんじゃないかと思いながら店を出た。これを何度も繰り返し、その度に同じような返事を受けると、知らない世界の冒険に出かけたこのドイツ人は現地の人は皆、非合理で、頭がちょっとおかしいのではないかと思い始めた。つまり、ものの有る無しは絶対的なことで、少し無い存在は合理的にあり得ない。本人はこれをまじめに日本体験話のテーマにしたがっていた。問題はすべての日本人のほうにあ

るのではなく、本人の語学に対する態度にあるということを納得させるのにこちらからかなりの努力を必要とした。また、チョットの使い方も、相当幅があって難しいことも教えておいた。

　このような人は珍しいかもしれないが、自分の今まで体験したり考えたりしたことに合わない現象にぶつかる度に、責任を相手側に負わせるタイプの人はやはり異文化を理解することは絶対できないだろう。6.2で異文化への同化について述べたが、先の「ちょっとないんですけれど」で実に見事な体験を思い出した。1986年に日本からドイツに帰国して間もなく、家内がデュッセルドルフにある日本総領事館に登録をしに行く必要があった。当領事館はインマーマン通り（通称日本人通り）の日独センターの中にある。その中には、日本の銀行などもあり、ちょうど銀行の前で駐車でき、銀行の外窓を掃除している人に領事館の入り口を尋ねた。その人は、外見から判断すれば南ヨーロッパの人で50歳前後の女性だった。領事館のことを聞かれるとすぐ雑布をバケツに入れ、場所がわかりにくいから連れて行ってあげると言いながら、歩き出した。この反応はドイツでは非常にめずらしい。もしかしたら本人の国でもそのような習慣があるかもかわからないが、あるいは長く日本人社会で仕事をしていたので、自分をそこまで合わせた可能性も考えられる。

　領事館の用事が済んで近くの日本食料品店をのぞきに行った。他の客が1人もいない店で、立派なひげを生やしている30歳ぐらいの日本人の店員に「納豆ありますか」と聞くと、答えは「ありません」という言い捨てであった。この人もまた見事に周りの社会、ドイツの社会に同化した人だなあとわたしは感じたが、もうその店で買い物する気はなくなった。先ほどのドイツ人のエンジニアをいらいらさせた「ちょっとないんですけれど」はいかに柔らかく聞こえるのか、両方を並べないとそのよさがわからないだろう。できたらドイツ中の店員さんを皆日本へ研修に送りたいくらいだ。

日本社会でのお礼の仕方に慣れるのにわたしも実際に苦労した。つまりお世話になったとき3回お礼を言うことだ。1回目、日本に滞在したときわたしの身分は学生だったが、そのとき2回までお礼をいうの覚えた。当時のわたしとしては「きのうはどうもありがとうございました」で充分だった。3回目のお礼は全然知らず、いろいろな方にずいぶんお世話になったのに、かなり礼儀を知らない人と見られたに違いない。2回目の日本滞在のとき、わたしの身分は教員となっていた。初めの1年間ぐらい、たまにしか会わない大学の日本人の同僚に会う度に、向こうが決まったように「この間はどうも」などと言う。わたしは何があったかわからないが、うまく自分の認識不足を隠そうとして「いいえ、どういたしまして」と答えるだけだ。2、3時間考えてから、何でお礼を言われたかその訳がわかったこともある。それはたぶん2、3ヶ月前にその同僚のドイツ語の翻訳などに関するちょっとした手助けをしたことに対してだったのかもしれない。わたしにとってすぐ忘れてもいいほどのささいなことだった。でも日本人がそういうことまで頭の中で、しかも半分無意識に管理できるのに驚いた。その後2、3年経つうちに何回も「先月はどうも」など言われているうちに、わたしも久しぶりに人と会うときにそういうことが言えるようになった。やはり土台のないものをゼロから作るには時間が必要だ。

6.5 わたしの大失敗

異文化に接するときだれしも失敗することがある。以前、わたしはたまにミュンヘンにあるゲーテ・インスティチュートの本部にTPRという教授法のワークショップをするように呼ばれた。このTPRは英語のTotal Physical Responseというもので、日本語では全身的反応とでもいうのだろう。簡単に説明すればこの外国語教授法では、教師が学習者にずっと目的言語で指示をして、その行動が実際に行われる。それにより教師も習い手も理解の確認ができる。習う方は教師の身振りなどで、その場面で言われたことを何となく理解し、繰り返されるうちに使われている単語もだんだんはっきりしてく

る。上で、外国語のいわゆる自然学習法にふれたが、TPR はある意味でその外国語自然学習法のある形を濃縮して教室に持ってきたものと解釈してもよい。

　ミュンヘンでのワークショップの参加者は外国から来た若いドイツ語教師達だった。1回目と2回目はそれぞれポーランドと南米のチリからの参加者だった。まずこの方法で教えられると、どんなことになるのかを体験させるため、わたしは1時間ぐらい彼等の知らない日本語の初歩を教え、あとは理論およびドイツ語教育への応用などをテーマにした。ワークショップは2回ともうまくいった。

　3回目は中央アフリカから来た男性8人、皆、ドイツ語の先生達だった。研修係がわたしに前もって、その人たちはちょっと特別で、いきなり体験をさせるよりもまず理論などで安心させたほうがいいと注意してくれた。その提案に従い、わたしは午前中に外国語教授法一般と TPR の理論をやって、それから皆と食事に行った。食事が済んでからやっと実技に入った。当研修センターの都合により、午後の部屋は午前中と違う部屋となった。注意されたのでわたしは、生徒として参加したくない人は見ているだけでいいと言ったら、8人のうち3人が見ることになった。食事のすぐあとだったし、部屋も違っていたし、皆を少し落ち着かせるつもりで、始める前にヴィヴァルディのラルゴをテープレコーダにかけ、「これを楽しんでください。そしてよかったら、目をつぶって聴いてもいい」と言って、自分も皆の前に座り3分間あまり音楽を聴いた。それから1時間ぐらい TPR による日本語の初歩を教えた。参加している5人の男性は楽しくやっていた。終わってまず実際に参加した人の感想を聞いた。「うん、よかった。」、「楽しかった。」とか「おもしろかった。」などだった。それから、見ていた人たちに向かって「見ていて、どうでしたか。」と聞くと、彼等はまずしーんとしていた。やっと2人が顔を合わせてその1人がいきなり「始める前にあなたは皆に魔法をかけた。」

と声を大にした。わたしは驚くと同時に「しまった」と思った。つまり、音楽でリラックスさせることに決めたとき、わたしは彼等の文化的背景を忘れてしまっていたのだ。彼等にとってそれは何か神秘的なふんいきだったに違いない。わたしがいくら「いや。そんなことはない。」と言い張ってもむだだ。すごい魔法でも使わなければ、人が聞いたこともないことばに素直に従って動けるはずがない、と彼等は言う。わたしは参加してくれた人に向かって、何か普通でないことを感じたかどうか聞くと、彼等は笑って否定する。でも逆に、わたしに人間業を超えたシャーマン的な力があると思い込んでいる2人は「何も感じていないなら、それこそ普通よりはるかに強力な魔法だ」と言い出し、わたしから身を避けた。失敗は失敗で、救うことができないとわかったので、わたしは皆にお礼を言い、ワークショップを終わらせた。

　その研修に呼ばれた人の何人かには申し訳ないことをしてしまったが、わたしはそのとき文化は個性よりはるかに強いことをしみじみと感じた。またことばと文化がぶつかり合う場合、ことばやことばで表される理性は文化に負けてしまうのだろう。

7. 進んだ文化？　遅れている文化？

　アフリカの文化は遅れているとか、ヨーロッパや日本の文化が進んでいるとか、そんなことを考えたり口にしたりするのはいうまでもなく当たらないことだと思う。以前、言語学の分野でも、発達した言語とそうでない言語、という考え方があったが、幸いにそれは消滅してしまった。文化に関しても早くこうなればいいと願っている。

　イギリスのダニエル・デフォー (Daniel Defoe) は1719年にロビンソン・クルーソーを書いた。ご存知のようにロビンソン・クルーソーが無人島に流れつき、そこでいろいろ生き延びるための工夫をしたりする。住まいを建て

たりカレンダーをこしらえたりして、ようするに周りの悪条件に負けず、今まで慣れていた文明を、事情が許すかぎり再現している。島にやってきた土人の1人を助けて自分の友にし、その出来事が金曜日だったので、その人にフライデーという名をつける。

　このロビンソン・クルーソーがやっていることがいかに欧州中心的なものか、本を普通に読むときにはわからないかもしれない。しかしその話を反対の面、つまりフライデーの立場から見たイギリスの映画がある。これは1975年に作られ、監督の Jack Gold はタイトルまで元の題材との対称を考え、本のタイトルのロビンソン・クルーソーに対して、Man Friday とする。このフライデー (Richard Roundtree) の目を通して話は次のように展開する。

　ある日我々は例年通り、例の無人島にお祭りをしに行った。砂浜でお祭りの準備をしているうちに、木の間からぼろ服を身に着けた男 (Peter O'Toole) が急に現れて、まるで狂ったように叫んだり激しい身振りをしたりする。仲間はしようがない、今年はここでお祭りはできない、とあきらめ、小舟に乗って帰ることにした。わたしも初めは帰ろうと思ったが、あの叫びながら飛び回っているやつを見てかわいそうになってしまい、残って少しめんどうを見てやることにした。

　まずコミュニケーションの問題があった。こっちのことばを教えようとしたら、向こうが全然覚えようとしない。しようがないから向こうに合わせてそっちを覚えることにした。次に日常生活に関しての知識はゼロに近い。たとえば火を起こすにはなんとめんどうなことをするか信じられない。非常に時間がかかる。それに、自然が提供してくれる食べ物のうち、何が食べられるのか、何が体にいいのか、全く知らない。……

　こういったように話はまるで逆になってしまう。見ているだけでけっこう

楽しいが、元の話と比べると、文化そのものを深く反省できる材料となる。人間にはどうも2つのタイプがいるようだ。一方はロビンソン・クルーソーのように、よその世界を自分が慣れている環境・文化からのみしか見られないタイプ。もう一方のタイプはドイツの自然科学者のアレキサンダー・フォン・フムボルト[6]のように、他の世界を客間的に認知し描写するタイプ。よその人間の文化を理解しようという努力がない限り、この世の中は平和になれない。世界中に、特に政治家の間に、フムボルト的な人間がもっと多く現れてほしい。

8. 後書き

2章で「文化」が含まれているいろいろな造語を並べた。その中にはおそらく「文化」をむりやりここまで使う必要があるのかと思われる例もあると思う。しかしそれは日本語の中でしか起こらないと誤解される心配があるので、最後に1つのなぞなぞを出すことにする。

ドイツ語では文化のことは Kultur という。そしてドイツ語の Beutel は日本語の袋に当たる。では Kulturbeutel とはナーニ？[7]

注

1　http://www.answers.com/topic/culture (The American Heritage® Dictionary of the English Language, Fourth Edition Copyright 2004, 2000 by Houghton Mifflin Company.)
2　人類学者の Kroeber は 1952 年の書物に 200 以上の culture の異なる定義をリストアップしている。
3　Coulmas (2001: 20)
4　マイケル・グリンダーは NLP（神経言語プログラミング）をリチャード・バンドラーと共同で創立したジョン・グリンダーの弟で、1970 年代後半から兄に習った NLP を、自分が担当している授業への応用を試みた。しかし NLP は元々セラピーで、一対

一の場でしか効かない治療法だから、教師対クラスの場面では、そのままでは使えないことに気が付いた。氏はそれからグループ・ダイナミックスを研究し、授業中にどういうふうに生徒達とうまくノンバーバルの面でコミュニケーションができるかと、いろいろと工夫した。生徒の間でかなりの評判になったので、同僚の教師達が本人の授業を見学に来たり、自分達の授業を彼に観察してもらったりしはじめた。そこでグリンダーは 1983 年に中学校の教師を辞め、教育者のこの教授法のトレーニングに専念した。3000 以上の授業を観察しているうちに、ノンバーバル・コミュニケーションの 31 の法則を発見した。それを 1993 年出版の本 ENVoY - Your Personal Guide to Classroom Management でまとめた。観察した授業の数が 6000 を超えた時点で、その第一作に続いて 2000 年に A Healthy Classroom - Educational Group Dynamics を発表した。詳しいことを知るには www.michaelgrinder.com を参照されたい。

グリンダーは現在、Seattle Pacific University および Chapman University の助教授であり、欧米豪州、三大陸で頻繁に講習会などに呼ばれているので、異文化に非常に敏感である。

5 Grinder (2000: 1)
6 フムボルトは特に 1799-1804 年に行った中央・南米探検旅行で有名になっている。本人は当時の思想家や学者の多くと文通し、意見を交換していた。長い日本滞在の経験があるシーボルトも交際があり、彼の日本についての書物を読み、次のことを予言した。「このオホーツク海にある国は将来は世界的な位置を占めるだろう。」
7 小学館のプログレッシブ独和辞典によると『(旅行用の) 化粧ポーチ』だそうだ。まあ、このごろは男も化粧するらしいからそれでいいかもしれない。ほんとうは男女を問わず、旅行などのとき洗面道具を入れるものだ。実物はインターネットで次のアドレスで見られる (インターネットは異文化理解にも役にたつものだ)。
 http://www.neckermann.de/shop/adidas_kulturbeutel.asp
 http://www.vaude-daypacks.de/content/produkte/artikel/wrapperI.htm

参考文献

Coulmas, F. 2001. *Die Deutschen schreien*. Rowohlt

Grinder, M. 2000. *A Healthy Classroom*. Battle Ground. (www.michaelgrinder.com)

Kroeber, A. L. and Kluckhohn, C. 1952. *A Critical Review of Concepts and Definitions*. Cambridge, Mass., The Museum

日本語と英語の身体語彙を含む慣用句

秋元美晴

1. 序

　本稿では、日本語と英語の身体部位を含む慣用句について考察していく。慣用句について Sanki et al.（1964:vii）では次のように述べている。

The English language is highly endowed with idioms. Their variety and abundance may be accounted for by the historical development of the language, which is a true reflection of the life and thought and feeling of people who use it as the mother tongue.

　すなわち、イディオム（慣用句）はその言語を母語としている人々の生活・思考・感情を反映している。
　また、宮地（1988:247）は、身体語彙の慣用句について、次のように述べている。

人間は人類として同じ身体を持っているが、その身体の部位の名称は社会や文化、思想、ものの見方などによって違っている。

さらに、慣用句の意味について、

……同じような意味の表現を、いくつかの言語において同じように表現することもあるし、そうでないこともある。一見同じような表現でも、その意味がまったく違うということもある。

と述べている。
　日本語と英語の身体語彙を含む慣用句には、どのようなものがあり、それぞれどのような文化を反映しているのであろうか。

2.「足をひっぱる」と'pull a person's leg'

　「田中さんの足をひっぱる」という文は、文字どおり「田中さんの足をつかんで引き寄せる」という意味と「田中さんの仕事の順調な進行や成功の邪魔をする」という意味の2通りに解釈することができる。「足をひっぱる」のように2つ以上の単語の結合が固定していて、全体の意味が構成語である「足」と「ひっぱる」の意味の総和ではなく、全体が特定の意味を持つようになった言い回しを慣用句という。「足」や「手」「口」「目」などの身体部位の名称を含む慣用句は、多くの言語によく見られる。「足をひっぱる」も英語に'pull a person's leg'という＜（他）動詞＋名詞（目的語）＞（日本語では＜名詞（目的語）＋（他）動詞＞）という全く同じパターンによる慣用句がある。しかし、'He pulls Mr. Tanaka's leg'というと、日本語の「足をひっぱる」の慣用句の意味と異なり、「田中さんをからかう」という意味になる。
　このように、日本語と英語の慣用句で構成語もパターンも似ていながら、異なった意味を持つものもあれば、逆に、「手を貸す」と'lend a hand'のよ

うに構成語もパターンも慣用句としての意味も同じようなものもいくつかある。一方、驚きや苦しさなどで落ち着きを失うことを日本語では「目を白黒させる」と「目」を含んだ慣用句で表現するが、英語では 'lose one's head' と 'head' を含んだ慣用句で表現するといったように、全く異なる構成語やパターンを使うことも多々ある。このことは、人間の言語の普遍性を示していると同時に、それぞれの言語の持つ文化的背景の相違を反映しているといえよう。

3. 身体語彙を含む慣用句
3.1 日本語の身体語彙の慣用句

身体部位の名称を含む日本語の慣用句にはどのようなものが、いくつぐらいあるのだろうか。見出し語5万5千語を収録した『例解新国語辞典　第6版』から目に見える身体部位の見出し語を選び出し、意味・用法の最後にゴチック体で書かれた慣用句を収集した。身体部位は27種で、慣用句数は400あった。表1は、慣用句数の多い順に並べたものである。

上位5位の「目」「手」「口」「胸」「足」を含む慣用句で全体の55%を占める。特に、1位の「目」を含む慣用句は80もあり全体の20%を占め、2位の「手」を含む慣用句を含めるとこの2つで全体の36%を占めることになる。

3.2 英語の身体語彙の慣用句

英語の慣用句は収録項目数9万2千の『ウィズダム英和辞典』から収集した。英語の身体部位を表わす名詞と日本語のそれとは正確に一致するものではないことはいうまでもない。例えば、日本語の「足」は「胴の下から分かれてのびている部分」を指す場合もあるし、「足首から下の部分」を指す場合もある。英語では、「太ももからくるぶしまでの部分」を 'leg' といい、「くるぶしより下の部分」を 'foot' と分けているが、本稿では、そのような物

表1　日本語の身体語彙の慣用句

順位	身体部位	慣用句数	割合（小数点以下切捨て）
1	目	80	20%
2	手	67	16%
3	口	34	8%
4	胸	30	7%
5	足	18	4%
6	腹	17	4%
7	鼻	16	4%
8	耳	15	3%
9	腰	14	3%
9	顔	14	3%
11	肩	13	3%
12	腕	11	2%
13	頭	10	2%
13	尻	10	2%
15	首	9	2%
16	膝	7	1%
16	歯	7	1%
18	舌	6	1%
19	眉	5	1%
20	指	3	
20	顎	3	
22	額	2	
22	頬	2	
22	臍	2	
22	脛	2	
22	背	2	
27	股	1	
		400	

表2　英語の身体語彙の慣用句

順位	身体部位	慣用句数	割合（小数点以下切捨て）
1	hand	96	14%
2	head	92	13%
3	foot/leg	70	10%
4	eye	61	9%
5	ear	43	6%
6	back	37	5%
7	nose	35	5%
8	finger	30	5%
9	face	29	4%
10	tooth	28	4%
11	tongue	22	3%
12	hair	19	2%
13	neck	17	2%
13	mouth	17	2%
13	arm	17	2%
16	shoulder	11	1%
17	elbow	8	1%
18	knee	6	
19	stomach/belly	5	
19	cheek	5	
19	buttock(s)/hip	5	
22	chin	4	
23	chest	1	
23	eyebrow	1	

659

理的な差異は問わないことにする。

　身体部位を含む慣用句数は659であり、身体部位は24種に及ぶ。'hand''head' 'foot/leg' 'eye' 'ear' の上位5位までの慣用句で全体の52%を占める。

　日本語、英語とも上位10位までで全体の70%強を占めており、慣用句としてよく使われる身体部位は限られていることがわかる。両言語の上位5位を見ると、日本語が「目」「手」「口」「胸」「足」を含む慣用句で、英語は 'hand' 'head' 'foot/leg' 'eye' 'ear' を含む慣用句である。共通なのは「目」「手」「足」である。目は視覚を司るが、人間は外界の物理的刺激をかなりこみいったかたちで操作・選択して、視覚や聴覚の情報を作り出しており、視覚は聴覚とともに五感の中で頂点に位置するといわれている。手はどの方向にも自由に動かすことができ、また、物をつかんだり、投げたり、引いたり、押したり、いろいろな動作をする器官であり、足は体を支え、また、歩いたり走ったり移動するための器官であり、どちらも人間の基本的動作が行われる部位である。

　同時に目は顔面に2つあり、開けたり閉じたり、眼球を動かしたりすることができる目立つ器官である。同様に手も足も胴から出ている目立つ部位である。このような重要な機能を持ち、かつ目立った部位を含む慣用句が多いのは当然のことといえよう。以下「目」'eye'、「手」'hand'、「足」'foot/leg' を中心に考察していく。

　ところで、図1を見るとわかるように、日本語も英語も上半身の身体部位の名称を含む慣用句が多く、特に首から上の部位に集中している。これは、思考したり、視覚・聴覚・臭覚・味覚などを通して認知したりする感覚器官や、息をしたり食べたりする生命維持に最も大切な働きをする器官が集中しているためだと考えられる。

　日本語の慣用句と英語の慣用句を比べた場合、英語は 'head' や 'foot/leg' を含む慣用句が多く、日本語は「口」「胸」「腹」などが多い。英語は日本語に少ない 'back' を含む慣用句が多い。

図1 慣用句を構成する身体部位

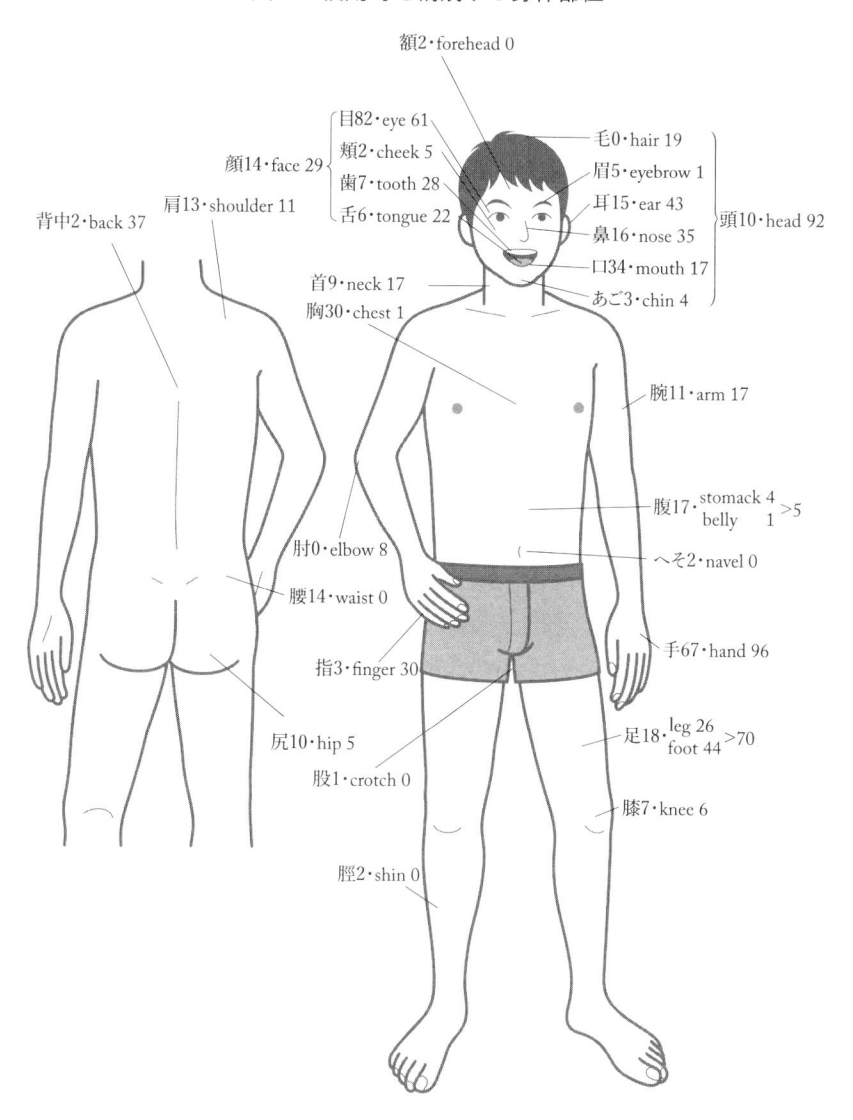

額2・forehead 0

目82・eye 61
頬2・cheek 5
歯7・tooth 28
舌6・tongue 22

顔14・face 29

肩13・shoulder 11

背中2・back 37

毛0・hair 19
眉5・eyebrow 1
耳15・ear 43
鼻16・nose 35
口34・mouth 17
あご3・chin 4

頭10・head 92

首9・neck 17
胸30・chest 1

腕11・arm 17

腹17・stomack 4 / belly 1 >5

肘0・elbow 8
腰14・waist 0

へそ2・navel 0

指3・finger 30

手67・hand 96

尻10・hip 5
股1・crotch 0

足18・leg 26 / foot 44 >70

膝7・knee 6

脛2・shin 0

なお、宮地（1988:247）は、次のように述べている。

一般に、外界との関係の度合が高い部分には人間の感情がよく現れる。目・口・鼻・耳は、髪・頬・眉より外界からの刺激に対して反応しやすい。目・顔・口・首・手・頭・鼻・耳などで構成された慣用句は、ひげ・指・爪・腕・膝・尻・腰・毛などに関する慣用句より、比較にならないほど多いのである。

しかし、今回の調査では、宮地の意見と多少異なることもある。日本語の場合は、大きく異なることはないが、英語の場合、宮地が少ないという 'finger' 'hair' などもかなりの慣用句があり、特に 'finger' は慣用句数 30 で順位は 8 位と高い[1]。'finger' を含む慣用句をあげれば、'burn one's fingers'（早まったことをしててこずる）、'not lift a finger to'（全然しようとしない）、'put[lay] one's finger on'（過ちなどを指摘する）などがある。なぜ英語には 'finger' を含む慣用句がかなりあるのであろうか。

この現象に関しては、次のように考えられる。まず次の図 2 を見てみよう。

図 2

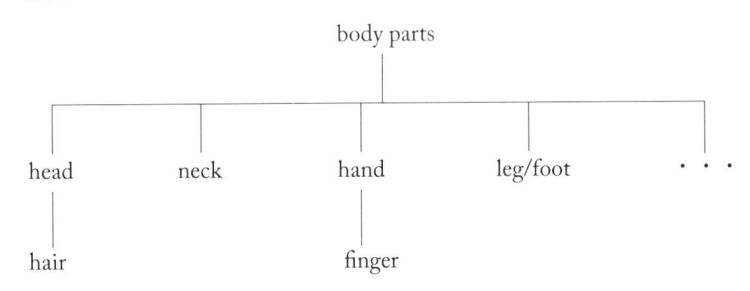

```
                    body parts
                        |
    ┌──────────┬────────┼────────┬──────────┐
   head       neck     hand    leg/foot    ・・・
    |                   |
   hair               finger
```

head、neck、hand、foot/leg は、認知言語学的には基本レベル（basic level）、すなわち最も基本的な概念とされている[2]。そうなると、'finger' は基本レベルに入らないことになるが、それに対しては 2 つの考え方があろう。1 つは、

'hand'と'finger'の間には基本レベルと下位レベルの違いはなく、fingerがhandと同じレベル、すなわち両方とも基本レベルであるという考え方である。その結果、'hand'も'finger'も両方とも際立って(salient)いるため、'finger'も慣用句を構成する語となるという考え方である。もう1つは、際立ち度があるのは、基本レベルだけでなく、その下位レベルのものもあり、'finger'はこの例に属するという考え方である。どちらの考え方をとるかは今後の研究を待たねばならないが、さしあたり、英語では'finger'や'hair'が多くの慣用句を構成しているということを指摘しておく。

4. 慣用句のパターン

　日本語の慣用句のパターンは、「目が利く」「目をむく」のような＜名詞＋動詞＞の動詞慣用句と、「目が高い」のような＜名詞＋形容詞＞の形容詞慣用句、それに「目の毒」のような＜名詞＋名詞＞の名詞慣用句の3つのパターンに大きく分類することができる。一方、英語の慣用句は、'keep an eye on'（～を見張る）のような＜他動詞＋名詞＞と 'look A in the eye'（じっと見る）のような＜自動詞＋前置詞＋名詞＞の動詞慣用句と、'by (the) eye'（目分量で）のような＜前置詞＋名詞＞の前置詞・名詞慣用句、'in the eye (s) of'（～の判断では）のような＜前置詞＋名詞＋前置詞＞の前置詞・名詞・前置詞慣用句、それに'(see) eye to eye'（意見が一致する）の＜名詞＋前置詞＋名詞＞の名詞慣用句の4つに大きく分類される。「目」'eye'、「手」'hand'、「足」'foot/leg'を含む慣用句にはそれぞれどのようなパターンが多いのであろうか。

4.1　日本語の身体語彙の慣用句のパターン

　表1にあるように、「目」を含む慣用句は全部で80あるが、「目が利く」「目をかける」「目に立つ」「目もくれない」などの動詞慣用句が64あり、全体の80％を占める。

　そして「目が高い」「目がない」などの形容詞慣用句が5つ、「目の敵」「目

の毒」などの名詞慣用句が7つ、「目じゃない」「目の中に入れても痛くない」など、その他が4つある。動詞慣用句はさらに「目が利く」「目が据わる」などガ格をとるもの、「目を疑う」「目をつける」などヲ格をとるもの、「目に浮かぶ」「目に触れる」などニ格をとるもの、「目も当てられない」など、その他に属するものに分けることができるが、ヲ格をとる慣用句、つまり＜名詞（目的語）＋他動詞＞のパターンが動詞慣用句の約50％を占める。

　2位の「手」を含む慣用句は67あるが、動詞慣用句（例．手が出ない・手に余る）が62、形容詞慣用句（例．手がない、手が早い）が2つ、その他（例．手取り足取り）が3つある。動詞慣用句は67中62で92％を占め、なかでもヲ格をとる慣用句（例．手を切る、手を尽くす）は33で、動詞慣用句の53％を占める。

　5位の「足」を含む慣用句は18で、「目」「手」と比べると数は少ないが、動詞慣用句（例．足がつく、足を伸ばす）が15、形容詞慣用句（例．足が早い）が1つ、その他（例．足に任せて）が2つある。動詞慣用句が全体の83％で、そのうちヲ格をとる慣用句（例．足を洗う、足を運ぶ）などが9つで、動詞慣用句の75％を占める。

　「目」「手」「足」を含む慣用句の80％以上は動詞慣用句で、ヲ格をとる＜目的語＋他動詞＞のものがそれぞれ50％以上を占めていることがわかる。

4.2　英語の身体語彙の慣用句のパターン

　表2にあるように、1位の'hand'を含む慣用句は96あるが、動詞慣用句は56あり、全体の58％を占める。そのうち47は'change hands'（所有者が変わる）、'show one's hand'（手の内を見せる／真意を明かす）などの＜他動詞＋名詞＞のパターンの慣用句であり、残りの9つが'play into the hands of A'（Aの思うつぼにはまる）などの＜自動詞＋前置詞＋名詞＞である。動詞慣用句の84％は＜他動詞＋名詞（目的語）＞である。'at hand'（近くに（で））、'off hand'（即座に）のような＜前置詞＋名詞＞パターンの前置詞・名詞慣用句も27あり、全体の28％とかなり高い割合を占めるが、これは'hand'がい

ろいろなことをするための「手段」となるためだと考えられる。＜前置詞＋名詞＋前置詞＞パターンをとる前置詞・名詞・前置詞慣用句は'at the hand（s）of A'（Aのために）の1つしかなかった。同じ名詞が並ぶ＜名詞＋名詞＞の名詞慣用句は'hand to hand'（接近して）など3つあり、その他は'hand in glove'（ぐるになって）など9つあった。

　3位のfoot（feet）/legを含む慣用句は70あるが、foot（feet）は44で、legは26である。太ももからくるぶしの部分までを指すlegよりも、くるぶしから下の部分を示すfoot（feet）のほうがより多くの慣用句を作っていることになる。

　44のfoot（feet）を含む慣用句のうち動詞慣用句は23で53％を占めるが、そのうちの21は'drag one's feet'（ぐずぐずする）、'set foot in〜'（〜に足を踏み入れる／を訪れる）などの＜他動詞＋名詞＞パターンで、残る2つが'fall on one's feet'（運よくうまくいく）のような＜自動詞＋前置詞＋名詞＞パターンをなすものである。この場合も＜他動詞＋名詞＞パターンが動詞慣用句の91％を占める。前置詞・名詞慣用句は'under foot'（足元が／支配下に）など9つあった。前置詞・名詞・前置詞慣用句と名詞慣用句はなかった。その他には'feet first'（足を前に出して／死んで）などが12あった。

　legを含む慣用句は26あったが、そのうち動詞慣用句は16あり62％を占める。'break a leg'（がんばって）、'make a leg'（挨拶する）などの＜他動詞＋名詞＞パターンは14で動詞慣用句の88％を占める。＜自動詞＋前置詞＋名詞＞パターンは、'take to one's legs'（逃げる）を含めて2つあった。前置詞・名詞慣用句は、'on one's legs'（死にかけて／行き詰って）など3つあったが、前置詞・名詞・前置詞慣用句及び名詞慣用句はなかった。その他は'a leg up'（一歩先んじる）など7つあった。

　'foot（feet）'と'leg'を合わせると、動詞慣用句は70のうちの49と70％を占め、そのうち＜他動詞＋名詞（目的語）＞パターンは35あり、動詞慣用句の71％を占める。

　4位の'eye'を含む慣用句は61中33が動詞慣用句で、全体の54％を占める。

このうち 30 が＜他動詞＋名詞＞パターンで 'keep an eye on A'（A を見張る／A を注意深く観察する）、'shut one's eyes to A'（悪いことなどを無視する）などがある。＜自動詞＋前置詞＋名詞＞パターンはずっと少なく、'look in the eye'（じっと見る）など 3 つしかない。動詞慣用句のうち 91％は＜他動詞＋名詞＞パターンである。前置詞・名詞慣用句は、'by (the) eye'（目分量で）など 14 あり、全体の 23％を占める。'eye' も 'hand' と同じように「手段」となることができるためであろう。前置詞・名詞・前置詞慣用句は、'with an eye to ～ ing'（～することを目的として）を含めて 3 つあり、名詞慣用句は 'an eye for an eye'（目には目を）を含めて 2 つと少ない。その他は 'Eyes Only'（マル秘の）など 9 つあった。

　英語の場合も、'hand'、'foot/leg'、'eye' を含む慣用句は動詞慣用句が全体の約 60％を占め、特に＜他動詞＋名詞＞パターンがその中の約 80％を占める。

　日本語でも英語でも動詞慣用句が最も多い[3]。その中でも日本語なら＜名詞（目的語）＋ヲ＋動詞（他動詞）＞、英語なら＜他動詞＋名詞（目的語）＞パターンが多いことがわかる。構造上、＜名詞（目的語）＋ヲ＋動詞（他動詞）＞と＜他動詞＋名詞（目的語）＞は一体化して、文字どおりの意味から比喩的なプロセスを経て慣用句を作りやすい。例えば、「手を焼く」は「てこずる」という一語の意味に、また 'give a hand' は 'help' と同義になる[4]。このことは日本語、英語に限らずかなり普遍的であるといわれている[5]。

　次に目/eye、手/hand、足/foot・leg を含む動詞慣用句のうち、日本語は＜名詞（目的語）＋ヲ＋動詞（他動詞）＞パターン、英語は＜他動詞＋名詞（目的語）＞パターンのものにおける目/eye、手/hand、足/foot・leg の意味を探っていく。

5. 目/eye と手/hand と足/foot・leg の意味

　序で、慣用句の意味を構成語の意味の総和からは出てこないものだとしたにもかかわらず、ここでは構成語である名詞（目的語）の意味を考察してい

くわけであり、矛盾しているように見えるかもしれない。しかし、次に見るように、多くの慣用句の意味は各構成語の意味が貢献している。現在では、この考え方が大勢を占めており、本稿でもこの考え方をもとに分析を進めていく。

5.1　目/eye

「目」'eye' は多義語であるが、もともとの意味は「物を見るための器官」である。この原義から派生した意味の転義はいくつかある。ここでは、原義を含め、目的語となる「目」'eye' の意味を6種類に分けて整理してみる。

（　）の中の「日」は日本語、「英」は英語の意味。分母は、日本語の「目」・英語の 'eye' を含む慣用句の数で、分子はその意味で使われている慣用句の数を示す。

①　まなこ（日 12／30、英 7／30）・・・目をおおう、open A's eyes
②　視力（日 1／30、英 0）・・・目を疑う
③　視線・まなざし（日 10／30、英 9／30）・・・目を引く、catch A's eye
④　注意・監視（日 6／30、英 11／30）・・・目を配る、keep an eye on
⑤　判断能力・意見（日 0、英 3／30）・・・have an eye for
⑥　好意（日 1／30、英 0）・・・目をかける

①まなこ

この例として「目をおおう」を例に考えてみよう。「目をおおう」はもともと「手のひらや布で両目をかくす」ことであるが、この動作から「醜いもの、むごたらしい物などを、そのままじっと見るのにたえられない」という慣用句の意味が出てくる。英語の 'open A's eyes' も「Aの目を開かせる」という動作から「Aに気付かせる」という慣用句の意味が出てくる。このように「まなこ」の意味で使われる「目」を含む慣用句は、もともと文字どおりの動作から派生して慣用句の意味を生み出しているといえよう。

②視力
　英語には'have weak eyes'（視力が弱い）のような文字どおりの意味での使い方しかなく、日本語にも「目を疑う」の１つしかない。

③視線・まなざし
　「目」'eye'をこの意味で使用する慣用句は、「目を奪われる」「目を向ける」、'make sheep's eyes at'、'turn a blind eye to'のように日本語にも英語にも多い。目は物を見る器官であり、目が物を見ているときのその目の向いている方向の意味に派生するのは容易なことである。そのため、この視線・まなざしの意味で「目」'eye'を使った慣用句が多いと考えられる。
　「目を引く」と'catch A's eye'は「人々の視線を集める」という同じような意味である。

④注意・監視
　「目」'eye'をこの意味で使用している慣用句には、「目を配る」「目を凝らす」、'keep an eye on'、'have an eye on A'などがあるが、何かを目で見るという行為は何かに注意を向けることであることを考えると、「目」'eye'が注意・監視と派生するのは当然のことであり、日本語でも英語でもかなりの数の慣用句を作ると考えられる。

⑤判断能力・意見
　日本語にはこの意味で「目」を使った慣用句は、動詞慣用句ではガ格をとる「目が利く」「目が肥える」や形容詞慣用句に「目が高い」などがあるが、ヲ格をとる動詞慣用句にはない。日本語では、「鑑識眼」「審美眼」など漢字「眼」を使って表現することが多い。英語には'have an eye for'（判断能力・鑑識力がある）、'have eyes in the back of one's head'（判断能力がすぐれている）などが３つある。人間が物事を判断するときには五感を利用するが、とりわけ視覚を利用するため、「目」'eye'をこの意味で使う慣用句が多いと考えら

⑥好意
　日本語の「目をかける」の「目」は④注意に近いのであろうが、「目をかける」全体で「特にかわいがって面倒をみる」、つまり「好意を示す」という意味になる。このことから考えれば、最も慣用句らしい慣用句といえよう[7]。

　「目」'eye' は多義語であり、「目」'eye' の原義である「まなこ」は、いくつかの転義をうみだす。下記のように、日本語は『現代国語例解辞典　第４版』によればア〜キであり、英語は『ウィズダム英和辞典』によればa〜fである。
［日本語］
　ア．目の働き（物を見る目、または物を見る動作・視線・目つき・見方・眼力・見識・好意、ひいき）
　イ．目に見える姿や様子
　ウ．その者が出会う自身の有様、境地、境遇
　エ．位置、形状、価値などが目に似ている物事
　オ．連続するものの隙間
　カ．目盛り
　キ．器の容量。物事の可能な範囲

［英語］
（機能）
　a．視力、視覚
　b．視線、まなざし
　c．注視、注意、観察
　d．判断能力、見分ける力、鑑識力

ｅ．判断、意見
（眼の形・機能）
　ｆ．（針の）穴、中心

　「目」'eye'を目的語として動詞慣用句を構成している場合の「目」'eye'の意味は、日本語も英語も目の機能に限られていることがわかる。

5.2　手/hand

　人間の胴体から出ている部分には頭、手、足があるが、手は上下・左右・前後に曲げたりのばしたり、自由に動かすことができ、また物をつかんだり、投げたり、押したり、引いたり、いろいろな動作をする重要な器官である。そのため、日本語にも英語にも「手」'hand'を含む慣用句は非常に多い。

　日本語の「手」は肩から指先までの全体を指す場合と、手首から先の部分を指す場合があるが、普通英語の'hand'は後者のみを指す。

　「手」'hand'も多義語で、いくつかの転義があるが、ここでは、原義を含めて「手」'hand'の意味を次の６種類に分けて考えていく。

　① 　手（日 12／34、英 31／47）・・・・手を打つ、shake hands
　② 　労力、助け・援助（日 6／34、英 4／47）・・・・手を休める、
　　　 lend a hand
　③ 　手腕、技量（日 0、英 1／47）・・・have one's hand in
　④ 　手段・方法（日 5／34、英 0）・・・手を尽くす
　⑤ 　関係、参加、影響（日 11／34、英 10／47）・・手を切る、wash one's
　　　　　　　　　　　　　　　　　　　　　　　　　　 hands of
　⑥ 　所有、保護（日 0、英 1／47）・・・change hands

　ここでは日本語にも英語にも多い手の原義の意味で使われている①②⑤を中心に見ていく。

①手

　手は具体的にさまざまな仕事をする器官であると同時に、降参の意味を表わすために手をあげたり、仲のよいことを表わすために手をつないだり、握ったりするという象徴的な意味を表わすしぐさのためにも利用される。そのため手を原義の意味で使った慣用句が多いのであろう。

　「手を打つ」という動作はもともと両手の掌を打ち合わせることであるが、この動作を繰り返すことはほめたり、賛成したりする気持ちを表わす意味があるために「話し合いや交渉などで同意する」という慣用句の意味となり、さらに「前以て必要な手段を講じる」という手段・方法にまで広がっていく。「手を結ぶ」ももともと離れていた手をつないで1つになることであるが、そこから「仲のよい関係になる」という慣用句の意味が出てくる。

　'hand' も 'shake hands' は、「手を結ぶ」と同じ過程を経て、「合意が成立する」という慣用句の意味が生じたのだといえよう。'dirty one's hands' も「手を汚くする」という文字どおりの意味から「悪事に関係する」という意味になるが、これは日本語の「手を汚す」と全く同じ発想のもとにできた慣用句だといえる。

②労力、助け・援助

　人間は手を使って多くの仕事をする。原稿を書くという仕事もコンピュータを打つという仕事も手を使うし、料理をするのも、掃除をするのも、田植えをするのも、木を切るのも、穴を掘るのもみな手を使って行う仕事である。従って手が労力や働く人員の意味に派生することは容易に類推できる。そこから「手を省く」「手を休める」「手を煩わす」などの慣用句がうまれる。また、人間が人間をあるいは生物を助けるときには、やはり手を使うことが多いと想像される。具体的に手を使って助けるだけでなく、経済的に助けたり、精神的に支えになったりすることもあるが、手助けや援助の象徴としてメトニミー[8]として使うことがある。この手の意味を使っているのが、「手を貸す」「手を借りる」などの慣用句であるが、英語の場合も 'lend a hand'、'give a hand' のように日本語と同じ表現をする慣用句がある。

⑤関係、参加、影響

　日本語でも英語でも「手」'hand' を関係、参加、影響の意味で使う慣用句がかなりある。「手を切る」「手を離れる」の「手」は「関係」の意味で使われており、「手を切る」は「関係を断つ」という意味の慣用句となり、また、「手を離れる」は「関係がなくなる」という意味の慣用句となる。'keep one's hands off 〜'（〜に干渉しない）や 'wash one's hands of'（関係を断つ）の 'hands' もこの意味で使われている慣用句である。おもしろいことに「関係を断つ」という意味の慣用句は、英語では 'wash one's hands of' で手を洗うであるが、日本語では「足を洗う」と「手」ではなくて「足」になる。

　対処や処理に苦労するという意味の慣用句に「手を焼く」がある。これはもともと火を消そうとしてやけどをするという意味だそうだが、そうだとしたら、「手を焼く」の「手」は①の原義の意味となる。しかし、「手を焼く」という慣用句を聞いたときに、もともとの意味がわかる人がどのくらいいるだろうか。現在では、「手を焼く」全体で「てこずる」という意味を思う人のほうが多いのではないだろうか。そう考えると、「手を焼く」は最も慣用句らしい慣用句ということになろう。

5.3　足/foot（feet）・leg

　日本語でも英語でも、目的語として「足」'foot（feet）・leg' を含む動詞慣用句の「足」'foot（feet）・leg' の意味は、「目」'eye' や「手」'hand' と違い、転義で使われているものはなく、すべて原義である「胴の下の部分」か「足首から下の部分」の意味から慣用句が作られている。「足を出す」を例に挙げれば、もともと「足をどこからか出す」という意味であるが、本来出すべきでない足をどこからか出しているということから「余分な出費になる」という慣用句としての意味が出てくる。'drag one's feet' はもともと「足をひきずる」という意味だが、足をひきずることは歩くのに時間がかかることから

「ぐずぐずする」という慣用句の意味が出てくる。'put a foot wrong' は、文字どおりの意味は「間違ったところに足を置く」という意味だが、そこから「ミスを犯す」という慣用句の意味となる。また、'set foot in' は「足を踏み入れる・訪れる」の意味であるが、これも文字どおりの意味から類推することは難しくない。しかし、これを 'drag one's feet' と 'put a foot wrong' と比べて考えるとおもしろいことがわかる。英語は単数、複数の区別をはっきりする言語であるから、'set foot in' の 'foot' に冠詞もなければ、また複数形でもないということは具体的な足ではなくて抽象的に使われていることがわかる。その結果、全体が慣用句になるわけである。その違いを示すと以下のようになる。

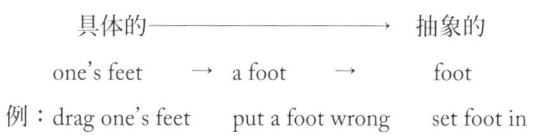

具体的 ──────────→ 抽象的
one's feet → a foot → foot
例：drag one's feet   put a foot wrong   set foot in

　以上、日本語と英語において、目/eye と手/hand と足/foot・leg を主に述べてきた。これらは双方の言語において最も多く使われていて興味ある類似性を示しており、同時に文化を反映していると思われる相違も表わしている。

6. 結論

　本稿では、日本語と英語における身体語彙を含む慣用句の対照研究を行った。その結果、日本語では、「目」を含む慣用句が最も多く、次いで「手」「口」「胸」「足」の順になっている。それに対して英語では、'hand' 'head' 'foot/leg' 'eye' 'ear' の順となっている。さらに文法的には日本語では、従来言われているように、身体語彙を含む慣用句も動詞慣用句と形容詞慣用句、名詞慣用句の中で、動詞慣用句が最も多く、特にヲ格をとるものが最も多いことがわかった。同様に英語においても動詞慣用句と前置詞・名詞慣用句、前置

詞・名詞・前置詞慣用句、名詞慣用句があるが、その中では動詞慣用句、特に＜他動詞＋目的語＞パターンがもっとも多かった。これらの観察に基づいて、日本語と英語で慣用句数が多かった目/eye、手/hand および足/foot・leg を含む動詞慣用句のうち、これらを目的語とする慣用句の目/eye、手/hand および足/foot・leg の意味を考察した。

その結果、日本語と英語の双方において相違が見られるものの、予期された以上に共通な転義で慣用句が構成されていることがわかった。

注

1　秋元（1994:8）では、英語、フランス語、ドイツ語といったヨーロッパの言語では、「指」「腕」「毛」を含む慣用句はかなり多いと述べられている。
2　Ungerer & Schmid（1997〔1996〕:72）では、次のように述べている。

> The basic level provides the largest amount of relevant and digestible information about the objects and organism of the world（・・・）or, to put it more technically, it offers the largest bundles ofcorrelated attributes. These attributes are accumulated in their most complete form in the prototype（・・・）and expressed by the category name（e.g. *bird*）.
> (basic level は、この世の中にある対象物とか有機体について最大限の適切かつ要約できる情報を与えるものである。もう少しテクニカルに言えば、basic level は関連する特性の最大の束を与える。そして、これらの特性が積み重なってプロトタイプの中で最も完全な形となっていく。そしてカテゴリーの名前、例えば「鳥」として表わされる。)

3　宮地（1988[1982]: 242）参照。
4　森田（1985: 37-44）参照。
5　秋元（1994：21）では、認知的側面から同様のことを述べている。
6　Nunberg et al.（1994:500）は、'leave no legal stone unturned'（あらゆる法的手段を使う）のように修飾語（legal）が可能であるためには、

> ・・・it is necessary that the part of the idiom have a meaning which is part of the meaning of the idiom.

と述べている。
7　『日本語慣用句辞典』には、動詞慣用句を構成する、よく使われる動詞が挙げてあるが、

「かける」は第 3 位となっている。
8 メトニミー（metonymy）は一般的には次のように定義され、「部分」で「全体」を表わすことなどが、その主な働きである。次の説明参照。

　・・・metonymy involve a relation of contiguity' (i.e. nearness or neighbourhood) between what is denoted by the literal meaning of a word and its figurative counterpart. (Ungerer & Schmid (1997[1996]:115))

参考文献

秋元美晴 1987「慣用句について」『高校通信東書国語』277 号 東京書籍
秋元実治 1992「日・英語に見られる 'Idiomaticity' －プロトタイプとの関係で－」『外国文化の輸入と言語』青山学院大学総合研究所
秋元実治 1994「イディオムのタイポロジー的研究―日・英・仏・独語を中心に―」『外国文化の定着過程と言語』青山学院大学総合研究所
林巨樹・松井栄一監修 2006『現代国語例解辞典　第 4 版』小学館
林四郎他編 2002『例解新国語辞典　第 6 版』三省堂
Ichikawa, Sanki et al. 1964. *The Kenkyusha Dictionary of Current English Idioms*. Kenkyusha.
井上永幸・赤野一郎編 2003『ウィズダム英和辞典』三省堂
宮地裕編 1988[1982]『慣用句の意味と用法』明治書院
森田良行 1985「動詞慣用句」『日本語学』vol.4 明治書院
Nunberg, Geoffrey et al. 1994. "Idioms" *Language* 70: 491-538.
Ungerer, Friedrich & Hans-Jörg Schmid 1997[1996]. *An Introduction to Cognitive Linguistics*. London and New York: Longman.
米川明彦・大谷伊都子編 2005『日本語慣用句辞典』東京堂出版

INTERCULTURAL UNDERSTANDING

Lisa Vogt

Introduction

Upon agreeing to be a panelist for this symposium today, I was told to email a resume to Professor Nakada and Professor Akimoto. To be honest, I'm not very experienced in these sort of things and I usually decline such invitations. However, Professor Nakada caught me in an unguarded moment and I accepted. When I heard that they wanted my resume, I assumed that they were talking about my curriculum vitae, so I updated both a Japanese and English version and sent it off. I later got word that what they wanted instead was a summary of my talk. Language is a confusing thing, and misunderstandings abound. What one person assumes is clearly conveyed, often ends up on the receiver's side as something completely different. Today's symposium topic is about language and culture, so I intend to speak to you today about how someone's linguistic and cultural background influences his or her communication style and understanding of situations, and how that in turn fosters or hinders cross-cultural human and business relationships.

I am often asked to go into international corporations that are having communication problems among its local and foreign staff. Many Japanese companies call what I do *kokusai-ka kenshu*, or internationalization training. In essence, I engage in intercultural communication awareness and training. I work with people in human resource management whose focus is to help employees make the best of their international partnerships and teams. When Japanese and North Americans work together, their language of communication is usually English. Most Japanese who are assigned to work with foreign staff have been selected because they have gotten high scores on a TOEFL or TOEIC test and are believed to speak good English. Japanese staff who are sent to work overseas also are usually selected from a pool of such high test scorers. It comes as a surprise, however, to many people that it is often not necessarily the person who did very well on English proficiency tests who work best with their foreign counterpart or staff, whether domestically or in another country. There are many people whose English is excellent, but who don't have real communication skills. The same is true for many *gaijin* who work with Japanese staff using their halting Japanese, yet, get along well with the Japanese and find him- or herself going out to drink with them after five o'clock, building friendships that transcend a business relationship. Despite their lack of Japanese language proficiency, some individuals seem to have a talent for adapting to local tastes. There is a difference between linguistic fluency and actual communication ability. People who are successful in cross-cultural business and personal relationship building possess something in addition to simply language ability. What is this "something extra" besides language, that makes one person a very successful communicator across cultures and another a complete failure?

I believe that this something has to do with communication styles. Whether one is consciously applying such knowledge or if one's cultural way simply fits the Japanese way of communicating, the key lies in how one behaves according to the norms of the culture in which the person finds him- or herself working in or with.

Becoming international

Jyoshiki can be translated as culturally shared basic assumptions or what most people would consider to be behaviors and language based on a shared notion of what constitutes common sense. I believe that it can be relatively safe to say that it is easier to make cultural generalizations about the Japanese than it is about Americans based on the fact that while not completely homogenous, Japan is not a country made up entirely of recent immigrants as is the United States. Most Japanese see things from a similar kaleidoscope because most people go through the standard Mombusho (Ministry of Education) school curriculum, read one of the three or four major national newspapers (whereas newspapers tend be much more regional in the U.S.), get news and information generated from Kisha Clubs, watch NHK, and are generally educated to conform to the group. The country is geographically smaller, has fewer ethnicities and religions, and just about everyone speaks one language. For such reasons, it is easier to make generalizations about the Japanese.

I was speaking with a Japanese human resources manager who expressed his dismay at the way some Americans at his company behave. He explained that he had a problem with their attitude, that they are "*Sunao ja nai*" (they are defiant). I was curious as well as puzzled so I asked him to elaborate. He gave me the following example which he said was typical. "A meeting is scheduled for one o'clock. All Japanese staff were there ready to start but the one American who was supposed to be there was not. After we waited fifteen minutes, he came in with his arsenal of excuses. Sometimes it's a delayed train, sometimes it's a terrible traffic jam that kept him, sometimes the weather has suddenly turned sour and somehow that made him late. He goes on and on with his sorry excuses, then the nerve of him... He simply sits down and expects the meeting to start!" I was not sure where this Japanese human resource manager was going with the story but I kept listening. "It is common sense for human beings to first and foremost apologize profusely for having inconvenienced so many people with such tardiness due to selfish reasons!"

I then understood the root cause of the Japanese man's irritation. He perceived the American man's refusal of apology (as he saw it) and endless tirade of excuses for being noncooperative as a form of defiance. The culturally appropriate *jyoshiki* behavior in such a case would be excessive apologies on the onset for causing such trouble and wasting everyone's precious time due to his lack of punctuality, whether or not there was a legitimate reason for his delay. And to go on speaking about seemingly insubstantial reasons for why he couldn't be there on time, all of which could have been avoided if he had left for the meeting earlier, is almost childish from the Japanese perspective.

From the American man's point of view, I do not believe that he was simply making excuses. More than likely, he was trying to offer an explanation for his lateness. Here lies the fundamental difference in what is perceived as *jyoshiki*. Americans have more a tendency to focus on the reasons for something happening or not happening. Explaining the circumstances rather than just repeating ritualized apologies is called for. I am not implying that no American would apologize because in fact the first words out of my mouth would probably have been an apology for having kept everyone waiting. Again, it is difficult to generalize about Americans; however, there definitely is a tendency for Japanese to give gushing apologies at the onset before attempting to make justifications for any behavior. Justifications will be seen as excuses, not explanations.

When things are going well, such eccentricities may be brushed aside. But when there is friction, such small differences start to make a difference. Somewhere in the back of everyone's mind during the meeting, they may feel that the American is not a man to be trusted. When a culturally necessary gesture is not fulfilled, to people without intercultural understanding and sensitivity, an impression and judgement will have been cast upon him, however one-sided it may be.

Culturally appropriate language is based on what is considered the norm. A breakdown in communication occurs when each party's assumption about what is appropriate does not match. If the roles were reversed and the people kept waiting were Americans and one Japanese person was late, more than likely the Americans would consider appropriate behavior to be an explanation as to why he was late more than just repeated apologies for the lateness. The problem is made worse when members of one culture make positive or negative judgments about the behaviors (which reflect language choice) of another, based on his or her own cultural norms. It is of paramount importance that conclusions aren't rushed into about the reasons behind another person's behavior without first having an understanding of that person's underlying cultural assumptions of appropriateness.

This Japanese human resources manager obviously made judgments and assumptions of the American based on his view of the world. I often hear Japanese use the phrase *"ningen to shite"* (as a human being) when referring to other people's behavior. I think this should be changed to *"nihonjin to shite"* (as a Japanese), although to make such a sweeping generalization of all Japanese might be problematic since even Japanese have cultures within cultures, such as geographical (Kansai and Kanto areas, or rural and urban) and generational differences, not to mention naturalized Japanese citizens in this country.

If it so happens that the culture of the person matches the target culture., i.e., what is considered appropriate behavior in one's home culture is more or less the same in the second culture, then both parties can simply be their natural selves. If, however, as is most often the case, there is a gap between cultural (hence linguistically as well) appropriateness, people must learn and modify their behavior and judgments of others. These are the kind of issues and case studies that I cover when I do *kokusai-ka* or intercultural awareness and communication training in international corporations. I work with both Japanese and non-Japanese employees so that both parties become sensitive to such underlying assumptions that they may hold. It is important to have an awareness of one's own culture before one can be conscious of and learn about other cultures and alternative ways of seeing the world.

Learning about other lens from which one can see the world, expands one's repertoire of behavior choices. By having more knowledge and experience, a person can grow as a human being. Sometimes people fear "going native" or by learning another way, feel that they will lose a part of their own culture. I reassure people that this thinking is fundamentally flawed because one doesn't switch over or lose a culture, but instead gains a culture. They become not only bilingual, but bicultural. Biculturalism (tricultural or multicultural even) gives people a greater arsenal of tools to use as various issues arise in their work and in their daily lives. After all, each person in a way, is their own universe and culture, and having an enlarged toolbox of strategies to deal with various problems that inevitably occur in life, is a great advantage.

When to verbalize and when to be vague

When I first heard the phrase "*Ichi wo kiite jyu wo shiru*" I wasn't quite sure what to make of it. How can someone hear just ten percent of something and accurately know the remaining ninety percent? I have since come to understand that this is indeed possible. Japanese people are very apt at recognizing nonverbal clues. I suspect that this is so ingrained in the culture that most people are not consciously looking for such hints. Because many people share a familiar context (mentioned earlier), people just pick up on body language such as posture or facial expression. Compared with Americans, Japanese are highly nonverbal. Hushed or quiet is considered a virtue. Because people can rely on a shared history, it is not always necessary to clearly articulate everything. For example, affectionate romantic words are not as often uttered between couples, especially after many years of marriage. I have been told that it would be awkward to directly tell one's mother or father that they love them. Ken Takakura, a famous actor, is considered a desirable Japanese man by traditional standards precisely because he doesn't say much. Perhaps such values are changing among the younger generation, but there still is the notion that a "*karui*" or overly friendly and talkative person is not very mature or deep. In conventional Japanese art, people "*yohaku wo tanoshimu*" or enjoy the nothingness, the space. In the west, we paint the entire canvas, background and all! Being comfortable with the void, with what is not spoken, is foreign to many Americans. Sometimes I eat lunch with Japanese colleagues and quite often we will all be sitting there just eating with no conversation. With American colleagues, the silence would be deafening and someone would invariably think of something engaging to say so that we could share in filling the silence.

In contrast to the Japanese non-verbal style, Americans prefer to say what they mean and to be clear about things. In business, giving and receiving precise, specific direction is desirable. Vagueness is often uncomfortable or thought as being deliberately evasive. If someone is unhappy about something, it is that person's responsibility to speak up. As the saying goes, the squeaky wheel gets the grease. In elementary school, all children experience standing up in front of the class for show and tell. Such early communication skills training teaches people in American culture to be verbal. In a diverse society of immigrants who come from cultures where the language, customs, food, religion, mentality, etc., are all different, the people have to be verbal and clear in order to negotiate meaning and understand each other. American society relies on words more than nonverbal forms of communication.

A case in point: At Aoyama Gakuin where I teach , every year part-time teachers get a simple contract to be signed and returned to the university office. The contract is in both English and Japanese but it is based on the Japanese model and is very simple with a lot of white space. The contract basically states how I am to work and ends with something like if a problem arises, that the university and I should sit down and discuss how to solve it. At Meiji University, where I also teach, I simply get a B5 sized paper with the word "*jirei*" at the top and ninety percent of the page blank. The notion of spelling everything out is not part of the Japanese way. I remember at an American university I once was at the contract was pages upon pages long with every imaginable scenario clearly stated, such as if there is a fire and the building is over sixty percent burned down, then classes will be canceled, or something to that effect!

When looking at the Japanese language from a micro standpoint, the subject is often left out and the listener fills it in. The language in itself is composed vaguely. I remember once I was on stage in a formal situation simultaneously translating Japanese to English. The distinguished guest was saying "*nani nani, nani nani, shikamo nani nani... dewa arimasen*". In Japanese the intent of the speaker comes at the end. In English the "do" or "don't" comes at the beginning of the sentence, so it is very clear. When translating, I had already said over the microphone that the speaker does this and that, only to hear that he negated everything at the end! An inexperienced simultaneous interpreter would most likely panic. (Fortunately, I know a convenient phrase to use in such circumstances-- "This is not the case.") In less formal situations also, this built-in vagueness in the Japanese language helps to harmonize relationships in a Japanese way. By gauging the verbal and nonverbal reactions of the person one is talking to, the Japanese language enables the speaker to soften or harden the intent of the message as deemed best because it comes at the end.

In a macro sense too, the way people build a case is the opposite. Let me give you an example. Imagine an employee who wants his wages increased and he approaches his boss about it. In English, he would most likely start the dialog with "I feel I deserve a pay raise because…" followed by his reasons. In Japanese, he would most likely start by building the case why he feels he deserves a pay raise and save the request for last, if indeed he even directly asks for more money. The Japanese boss will probably feel and hear what he is trying to come to even before it is uttered. The intent or reason for the utterance usually comes at the end of the dialog in Japanese whereas it often comes at the beginning in English. So both in terms of sentence level structure (micro) and dialog level structure (macro), the appropriate way to communicate tends to follow a common pattern. Of course there are exceptions to every rule, but my experience tells me that this is quite often the case.

The same is true for email correspondence. I am often asked why their American counterparts don't return the Japanese person's email. When they show me the emails that they write, they use the Japanese format, and often the true intention of their correspondence is muddled or not clearly mentioned. There is a concept in Japanese that I hear over and over, and that is "*sasshi te hoshii*, or I want them to understand without my having to be explicit. I have to explain that while some people are able to "*sassuru*" many are not. There are gender and ethnicity studies in the United States that show that women and some minorities tend to grasp better things which are unspoken when compared with white American males.

When working across cultures, such a plea is not only not helpful, but it is often detrimental. Clarity is the order of the day and the Japanese need to learn to be unambiguous and to build their cases in a logical fashion starting with the intent of the speech in order to be a better communicator. Americans need to learn to read between the lines better, and to be aware of small cultural nuances displayed in body language or tone of voice to understand the Japanese more. Only when both parties have knowledge about their own cultures, and are aware of their own as well as the other's assumptions and communication styles, can a true partnership be formed.

The next time a Japanese person buys lunch for a native English speaker for "*osewa ni natta kara*" or in gratitude for something, he or she shouldn't assume that the native speaker is connecting the dots. As difficult as it may be for many Japanese, say "I want to take you out today because you always proofread my writing and this is my way of showing you that I appreciate it." Clearly articulating one's thoughts and intention when communicating in English is very important. I once heard of a case where the non-Japanese was quite troubled for not being allowed to pay for her own meal, with no clear reason, from her perspective. For the non-native speaker of Japanese, it may be worth noting that not everything needs to be spelled out, and sometimes not saying something is more effective and powerful than, as they say, letting it all hang out!

Conflicts

Japanese society tends to avoid confrontation. Harmony is important, and people often don't choose to be open about problems. If at all possible, they carefully select their words when talking, minding how they say or don't say things. Naturally there are people who do the same in English as well, but again I am making a broad generalization here. Phrases like "*kusai mono ni wa futa*" (cover up things that smell bad), "*nagai mono ni wa makarero*" (don't go up against authority), and "*mentsu wo taisetsu ni*" (it is important to save one's face or honor) are common Japanese phrases that capture the essence of this mentality.

In Japan, a team player is someone who goes with the flow and does his or her utmost to suppress his or her individuality. The person works hand in hand with others and tries not to be disruptive or cause any friction or problems. Being loyal often means not airing grievances. To *gaman* is considered proper. In English, a team player has a larger meaning, and if necessary a team player will take risks for the sake of everyone even if the risk involves being confrontational.

Americans are not so afraid of having things out in the open and to confront and overcome problems. People enjoy a tradition of debate and discussion. Even if there is a difference in opinion, that doesn't necessarily cause discomfort in the relationship. It is considered healthy for people to share different thoughts and through diverse opinions and ways of thinking, come up with creative solutions that satisfy most people. Common phrases that illustrate this openness are "get it off your chest", "put your cards on the table", "clear the air" and "venting".

Third parties and a public forum
Japanese and Americans often deal with conflicts in a very different manner. When I first moved into my Japanese apartment, I had a problem with a neighbor's dog that continuously barked throughout the night. The next time I met the dog owners in the elevator, I asked them if they could do something about the noise. Little did I know that this was not the way to handle such problems! The dog owners grew visibly uncomfortable with my mentioning this to them. Maybe it was my imagination but they seemed to avoid me for months that followed. On an emotional level, I still fail to feel why my raising this issue with them was such a big deal, but

on an intellectual level, I now understand that I should have taken an altogether different approach.

When a problem such as with the dog example arises, in Japan it is often the case that the proper channel to work on getting a workable solution is to go through a third party. Instead of directly mentioning my thoughts to the dog owners, I should have gone to the condominium management association which is comprised of representatives from each family who live in the apartments. By raising the issue in a vague, seemingly non-threatening way such as "I'm not sure exactly which room the noise is coming from, but there is a dog that barks throughout the night and I was wondering if anybody else has noticed this and if there was some way that this can be resolved." By not naming any dog owners in particular, even if it is perfectly clear who it is because in the case of my apartment there are only a few dogs and only one is in the room next to mine, I avoid any direct confrontation with individuals.

My North American mindset cringes at the thought of raising such a seemingly private issue in such a public forum. The noise issue is between two households alone, and this roundabout way seems not only time-consuming and unnecessary but if the roles were reversed, I would much prefer that it be kept directly between the two parties involved. Knowing the culturally proper way to handle conflicts and behaving in the appropriate way does not mean that one must embrace the way wholeheartedly and actually feel good about the foreign method adapted. It is possible to shift one's resolution methodology to fit the target culture but one does not necessarily have to particularly like the way. Being able to form-shift when necessary is the point. On a sentiment level, I still do not care to use this going through a third party way, but I do it when I deem that it is the best strategy. This is not my natural style, but by being aware of the other way and being able to employ that other way of conflict resolution is more practical and, in the end, the most direct and smooth way for all parties involved.

Individual third party spies

I have been approached by Japanese staff who have asked me to spy on certain non-Japanese staff. Well, perhaps spy is not an appropriate way to put it, but once again, a way to resolve tension or misunderstandings is not to be very direct about it. The word I hear is "*soretonaku*" which roughly translates as find out about something through indirect probing or by alluding to a certain topic that one would like to get more information about. When a Japanese person in an office setting, for example, feels that something is wrong between him or her and another colleague, oftentimes instead of going straight to that person to find out if indeed there is some tension under the surface and it is not just imagined, he or she will come to me and ask me to find out what may be the problem. First, the person who senses some trouble will most likely spend considerable time thinking about possible causes of the problem. He or she may subtly inquire about how things are going. When such efforts fail, then he or she often approaches an intermediary who will try to smooth things indirectly. Sometimes the approached individual knows that the intermediary was sent by the concerned party and sometimes not.

Keeping harmonious human relationships is necessary, and while conflicts invariably occur and not all human relationships work in perfect harmony, people cope the best they can by employing indirect means to avoid as much as possible situations that "*kado ga tatsu*" or create ill or bitter feelings. People go out of their way to enlist the help of another person or group to help smooth over problems that have arisen.

A peace mediator

When conflict has clearly arisen and people have aired their differences, which does occur occasionally but not in the frequency and magnitude of the U.S., a peace mediator will "*naka wo torimotsu*", or go between and help bring back the equilibrium that was lost. Because the person who is acting as the fixer is respected because of his position or age, the parties at odds can patch up their differences and put the issue behind them as best they can. They do this often just to save the face of the intermediary. If there is a "*kimazui*" (awkward or uncomfortable) situation, such a go-between is often used, and for the sake of the fixer as well, both sides can acknowledge responsibility and move on.

In all three cases illustrated above, a person besides the two primarily involved in the situation comes in to smooth over problems. Americans tend to prefer to go straight to the source of the conflict and work things out by openly discussing the issues at hand and working out a solution without bringing in those not directly connected to the problem. This method is quicker and less complicated when those involved are from such a culture. I advise Japanese people who work with North Americans to go straight to the person you are having a problem with and to openly discuss their concerns. This appears to be very difficult for a majority of Japanese people that I have spoken with. The roundabout way that the Japanese are used to taking often makes direct communication to resolve conflicts a fearsome task. It is all the more daunting when one thinks of having to engage in such a foreign method of conflict resolution in a language that is not even one's native tongue. Being sensitive to such concerns is very important on the part of the non-Japanese. And for many Japanese, I ask that you please do not go and talk to a third party to help solve any differences that may exist. I beg you to please come straight to us, for going to an intermediary will only complicate further the issue and cause us to recoil, feel uncomfortable, or for the uninitiated (those who have not had such intercultural training) even feel anger.

Being straightforward

I have said that conflicts among North Americans are usually resolved by the parties directly involved. The preferred way people communicate is being direct, to "tell it like it is" although we do use softeners when we talk (i.e., "I was wondering if..."). The Japanese are more careful and tend to sugarcoat things "*oburato ni tsutsumu*" and be roundabout. They tend to drop more hints in hopes that the other person will understand without their having to be direct. When two Japanese are communicating with each other, they often "*pin to kuru*" or get the unspoken message. Instead of asking someone to open the window, they may be concerned that they are the only persons who feel warm and out of consideration for the group may say something like I feel a bit warm, to which people in many cases find themselves understanding that the person would like the window open. I am not saying that this does not happen in American communication—it does, but not as frequently and commonly as it does in Japan. Native English speakers tend to take things more at face value because they are used to straightforward communication whereas the Japanese tend to read into one's language more, whether verbal or nonverbal.

Expressiveness in general

North Americans tend to freely show their emotions, especially happy ones. In contrast, I think that the Japanese, for the most part, have the tendency to control one's emotions more, especially happy ones. In traditional sports like sumo especially, even after a wrestler wins a bout, the wrestler is hardly ever all smiles. Whether he wins or loses, he is prone to remain level-headed and cool. To understate emotions seems dignified.

When an *Eikaiwa* teacher lavishes exaggerated praise upon a student who utters a few words in English, it sometimes appears condescending to the student, especially when the student has already built up some confidence in his language ability. To overplay or dramatize is not in the national character of the Japanese, especially the mature generation. To be overly expressive is considered by many to be "*aoi*" or immature and is reserved for the unsophisticated juvenile. To be taken seriously, it is wiser to appear reserved in one's language and manner.

Becoming emotional in business is a taboo. When difficulty arises, it is paramount to the success of the negotiations or transactions to remain collected and composed. Perhaps because of this emphasis on not revealing too openly one's feelings, people look for ways to smoothly pave the way though means other than direct confrontation.

Power

Japan is a vertically-structured or hierarchical society. When first receiving someone's business card, people check the company name and status of the person, and depending on who and where that person is, the appropriate language level to address that person is decided upon. In addition to the company and position of the person, age is another factor. Older people command more respect as do people who have seniority in some organization or institution. In a school setting as well, there are strict rules and guidelines regarding behavior and language that are followed in a *senpai* (senior members) and *kohai* (junior members) relationship.

An American university professor I know hitchhiked from Tokyo to Hokkaido and back. He told me that truck drivers often stopped for him and that he was able to talk with many such people. At the beginning of his journey, when asked, he told the person who picked him up that he was a university professor. After saying this, however, the atmosphere in the truck changed and the driver appeared to get a bit uncomfortable. Somehow this hitchhiker *gaijin* commanded a kind of respect for the social position he was in, as perceived by the driver. After 3 or 4 such experiences, he changed his story and told the driver that he was a swimming pool cleaner in his home country. This made the relationship somewhat equal, and an awkward distance that sprang up in his previous encounters never surfaced again. Japanese people automatically tend to position themselves against another, and when they find where they belong in the hierarchy, then they can feel more comfortable in the knowledge that they will be able to talk and act in a socially proper way.

The United States is a more egalitarian culture. Of course in any society there are status differences, but most Americans prefer to downplay this difference. The president of the United States can be seen wearing casual clothes, which attempts to show that he is just like everyone else. It is not uncommon for a young woman to be the boss of many older men in a company. Everyone is invited to an office picnic and people mingle with everyone else without much concern about the age and position of others. A student can challenge and debate with his or her teacher at school without worry of recrimination. When shopping, the customer and sales assistant are on equal footing. On and on, we can see that in American culture, people are expected to be treated more or less the same, regardless of social position, seniority, age, gender, etc.

When English as a foreign language students refer to their sister or brother, they will more often than not add "older" or "younger" because in Japanese there are different words for the two. This is distracting sometimes because I wonder what the relevance this is to the story. When making reference to a fellow student or colleague, the speaker often gets stuck translating *senpai* or *kohai*, when this is not usually important in the narrative.

When I first heard a *senpai* talking to a *kohai* at a Japanese university baseball club practice, I was left aghast at how rough and gruff the *senpai* spoke to the *kohai*. The words and tone that he used were humiliating and derogatory, and according to the norms of my American culture, it was absolutely unacceptable. But I noticed that everyone took it in stride and that that kind of language did not ignite the kind of rage and shock that I felt upon hearing such totally uncalled for language, from my perspective.

It is not only accepted but revered in a way that the *senpai* actually likes and cares for the *kohai* to speak to him or her in such a way. A direct translation of "*Baka omae nani yatterun da yo, mattaku*" sounds to me very harsh. First of all, in English we would not call someone stupid unless there was a very good reason. The *omae* doesn't quite translate but it is used when clearly addressing someone of lower ranking than yourself. The next part is "just what do you think you're doing" and the ending *mattaku* adds the speaker's irritation to the meaning of what came before.

Sometimes parents refer to their son as *baka musuko* or husbands speak of their wife as *gusai*. Not many Americans would call their son an idiot even if it were true, and calling your wife unintelligent would be grounds for divorce!

I have seen serious problems arise in an office setting when a person with a Japanese hierarchical mentality deals with an egalitarian American. Americans are very careful when speaking that they don't come across sounding rude or patronizing, and somewhat ironically, they are specially vigilant if they are in a higher position. I remember a case where a Japanese boss admonished an American worker using demeaning language (which would have been acceptable in Japanese) in front of other people in the office. The American was first shocked, then hurt, then became very angry. Morale of the office plummeted and the company was in turmoil. The Japanese boss obviously needed some cross-cultural sensitivity training before being put in that position he was in. People in positions of power must be very attentive to how they behave and speak when pointing out mistakes or giving feedback. Japanese bosses tend to give more negative feedback than positive, and think nothing of expressing displeasure in front of others. American bosses take the opposite approach. They give more positive feedback than negative, and when pointing out areas for improvement they do it in private.

Perhaps because the Japanese are more group oriented and that there is the mindset that everyone working in the company is one big team or family, they are not as concerned with privacy. Being reprimanded in front of one's colleagues may in fact enlist the help and compassion of the workers around him or her and lead to better job performance in the future. In Japan, more work is done in groups, so in a sense, if one person is lambasted, it is a reflection upon everyone. In the United States, what is considered a better strategy for getting results is to stroke the ego of the workers. Giving positive reinforcement is considered to work better than criticism.

I sometimes hear people say that English doesn't have *keigo*. This is not entirely true. English is often made more polite by making the sentences longer. For example, instead of "Get the phone." which is a curt command, we would say "Would you please get the phone?" If you would like to make it very very polite, "If you are not busy at the moment, could you please get the phone?" So naturally there are ways to make one's language sound nicer. Many people with power in Japan often talk in an almost abusive manner to those considered beneath them, and this is accepted as part of how things are.

The relationship between power and language is very interesting. In Japan, people talk up to those with power and talk down to those who are deemed lower or those in positions of less power. There is a clear division of language which reflects the workings of the hierarchical social system. In the United States we do not have this. Paradoxically, many Americans are conscious of power symbols and wealth, yet this is not reflected so much in language and behavior choice as is the case in Japan.

Closing

This symposium is on the subject of language and culture. I have spoken to you about *jyoshiki* or culturally shared basic assumptions and how this is reflected in the language. When we assume that the lens through which we see the world is shared by everybody else, then breakdowns will inevitably occur. It is crucial that we become aware of our conscious and unconscious beliefs and expectations, and through this awareness, become a bigger person who can minimize clashes with the ability to shift perspectives and act accordingly. Living in Japan, I make many cultural and linguistic mistakes on a daily basis, but I try to be mindful of my surroundings and to deepen my understanding the best I can. I do this to get closer to your culture, because I respect and love the culture of this country. Thank you.

Questions and Answers

Session Question 1: What do you think of *katakana-go*?
When it comes to the English language, I hold liberal views about language being altered or changed with the times, perhaps because my country, the United States, is dynamic and made up of recent immigrants. I am more conservative about the Japanese language. I listen with amusement to how the younger generation speak, and wonder why so many words must be put into *katakana-go* when there are Japanese words that would work just the same. Still, language evolves just as everything else does in life, and I believe that trying to stop it is futile. I find the Japanese language incredibly beautiful, with or without *katakana-go*.

Question 2: Is it better not to apologize to Americans when I am late?

Of course you can apologize if you want to! If I am late for a meeting, I would no doubt express regret, too. What is important is for Japanese people not to expect and assume that everyone from all cultures should apologize. In Japan, it is obligatory; in English it is optional. Don't judge or feel disrespect for a person who doesn't act according to what you perceive is *jyoshiki*. Know that sometimes the reason often holds more weight than the apology.

Question 3: Where did you learn Japanese? What should I keep in mind when studying English?

My mother is Japanese and she taught me. I think the most important thing for speaking a language fluently is to get a lot of output practice. Japanese people have had a lot of English input and study, but much less opportunity to work on output or the production of the language. More balance between input and output would make for a better speaker.

Question 4: I work at a restaurant that gets many American customers. Unlike our Japanese customers, many of them are *wagamama*-- they complain about the seat we show them to, and about the food. Does this mean that Americans have a different *jyoshiki* from Japanese?

An excellent question! Americans tend to verbalize their feelings more, so if they are not satisfied with something, they will speak up, especially if they are paying for something. Many Japanese people tend to worry about causing people extra trouble and if something is only a little bothersome, they shy away from making a fuss. Either they will say to themselves *shoganai* (it can't be helped) or they will *gaman* (keep it inside). Of course there are regional and generational differences and some Japanese will not hesitate to speak up. As a whole, though, I think this is true. In the United States, articulating your needs is *jyoshiki*. The mentality is why hold something in for one hour while eating dinner, when all you have to do is to ask to be reseated or all that is required is to say that you don't want garlic in your food and that you want the sauce on the side! In Japan, asking for special treatment is judged to be *wagamama*. You cannot change the tofu in *A teishoku* with the beans in the *B teishoku* because *teishoku's "tei"* means it is *sadamatteiru* or unchangeable! Because the focus is on the overall efficiency of the operation, the individual voice is not encouraged. In my culture, the individual is more important than the group or whole, and I think here lies the reason Americans seem *wagamama* at your restaurant.

References

Drucker, Peter. 1981. 'A View of Japan Through Japanese Art' in *Toward the New Economics and other Essays*, Harper & Row.

Kopp, Rochelle. 2003. *How to Deal with Americans who don't Hansei*, Alc Press.

Kopp, Rochelle. 2000. *The Rice-Paper Ceiling: Breaking through Japanese Corporate Culture*, Stonebridge Press.

Tannen, Deborah. 2001. Deborah. *You Just Don't Understand: Women and Men in Conversation*, HarperCollins Books.

Yoshikawa, Muneo. 1982. "Japanese and American Modes of Communication and Implications for Managerial and Organizational Behavior," presented at the Second International Conference on Communication Theory: Eastern and Western Perspectives, July 20-23.

索引

【A～Z】

apologize 143
apology 126, 127
bicultural 128
bilingual 128
body language 129, 132
common phrases 133
communication ability 124
communication style 123, 124, 132
conflict 132-137
confrontation 134, 138
cross-cultural 123, 124, 140
cultural appropriateness 128
cultural assumptions 127
cultural norms 127
cultural nuances 132
egalitarian 140
egalitarian culture 139
EIL 11, 13, 15-18
formulaic language 15
gesture 127
hierarchical 140, 142
hierarchical society 138
hierarchy 139
home culture 128
idiomaticity 30
intercultural communication 124
intercultural training 136
international corporations 128
keigo 141
language ability 124
non-compositional（非構成的）22
nonverbal 129-131, 137
nonverbal clues 129
non-verbal style 129
phrases 133
PLI 3, 5, 6, 12-17, 22-32
softeners 137
target culture 127, 134
TPR 95, 96
verbal 130, 131, 137

【あ】

挨拶ことば 81
挨拶用語 60
アクセント 51, 52
言いさし 47
言い回し 102
イディオマティック 21
イディオム 6, 10, 12, 14, 19, 22, 28, 101
異文化 78, 84, 86, 91, 93-95
異文化交流 84
異文化接触 83, 85
異文化体験 84
異文化トレーニング 91
異文化理解 84, 86
隠喩的 43
受身 43, 44
L2教育 4, 5, 28

【か】

- 外国語教授法 ·················· 95, 96
- 外来語 ··············· 44, 66, 83, 84
- 慣用句 ·············· 3, 6, 18, 48, 101-120
- 慣用表現 ························ 10, 16
- 擬音語 ································ 52
- 擬態語 ································ 52
- 基本レベル ···················· 108, 109
- 決まり文句 ························ 6, 12
- 際立ち度 ····························· 109
- 句 ································ 22, 23, 25
- 句語彙項目（Phrasal Lexical Items = PLI）················· 1, 6, 12, 23, 32
- 敬語 ····························· 42, 64,
- 敬称 ························ 40, 55, 56
- 敬体 ····························· 40, 42
- 形容詞慣用句 ············ 109, 110, 119
- 原義 ························ 113, 115-118
- 言語の普遍性 ······················· 103
- 謙譲表現 ······················· 42, 43
- 構成語 ··················· 102, 103, 112
- コード・スイッチング ············· 90
- 国際言語としての英語（English as an International Language = EIL）·················· 11, 13, 15, 16
- 故事成語 ····························· 64
- 呼称 ··············· 41, 55, 57, 58, 60
- ことわざ ········ 10, 48, 55, 64-70, 72
- 固有名詞 ····························· 45

【さ】

- 使役表現 ····························· 44
- ジェスチャー ························ 47
- 死語 ·································· 62, 83
- 熟語 ··································· 72
- 授受動詞 ············ 43, 55, 61, 63, 64
- 授受表現 ························ 43, 44
- 上下関係 ···················· 40, 42, 56
- 常体 ································ 40, 42
- 常套句 ································ 71
- 省略 ································ 46, 47
- 親疎 ························ 40, 42, 56
- 親族関係 ····························· 57
- 身体語彙 ·········· 101-105, 109, 110, 119
- 清音 ··································· 50
- 成句 ···································· 3
- 絶対敬語 ····························· 42
- 前置詞・名詞慣用句 ······ 109-112, 119
- 前置詞・名詞・前置詞慣用句 ·············· 109, 111, 112, 119
- 造語 ··································· 99
- 相対敬語 ····························· 42
- 促音 ··································· 50

【た】

- 多義語 ························ 113, 115, 116
- 濁音 ··································· 50
- 短音 ··································· 50
- 長音 ··································· 50
- 定形表現 ············ 5, 6, 12, 17, 32
- 転義 ···················· 113, 116, 118, 120
- 同音異義語 ························ 50, 51
- 動詞慣用句 ············ 109-112, 114, 116, 118-120

【な】

- 人称代名詞 ··························· 40
- 認知言語学 ·························· 108
- ノンバーバル ················ 86-88, 92
- ノンバーバル・コミュニケーション ··· 78

【は】

バイリンガル……………………………90
パターン…………102, 103, 109-112, 120
撥音……………………………………51
罵倒語…………………………………71
非合成的（non-compositional）………10
比喩……………………………………3
フレーズ………………………………10
母語………………………………47, 50, 86

【ま】

名詞慣用句……………109, 111, 112, 119
メタファー（figurative language）
　　　　　　　　………………3, 11, 14, 15
メトニミー…………………………117
メンタルレキシコン…15, 17, 20, 22, 31
面子……………………………………61
目的言語………………………………95
目的文化………………………………88

【や】

四字成語………………………………64

【ら】

略語………………………………44, 45
類推…………………………………119
連語……………………………………3

【わ】

和語……………………………………66

【著者紹介】

中田清一（なかだ　せいいち）	青山学院大学名誉教授
柳　吉東（ユー・キルドン）	漢陽女子大学教授
胡　婉如（コ・エンニョ）	早稲田大学講師
Rudolf Schulte-Pelkum（ルドルフ・シュルテペルクム）	ノルトライン・ヴェストファーレン州立言語研究所日本語学科（ヤポニクム）元学科長
秋元美晴（あきもと　みはる）	恵泉女学園大学教授
Lisa Vogt（リサ・ヴォート）	青山学院大学講師

ことばと文化をめぐって―外から見た日本語発見記

発行	2006年3月28日　初版1刷
定価	1800円＋税
著者	©中田清一、柳　吉東、胡　婉如、Rudolf Schulte-Pelkum、秋元美晴、Lisa Vogt
発行者	松本　功
装丁	八木陽子（æ）
印刷・製本	三美印刷株式会社
発行所	株式会社ひつじ書房

〒112-0002　東京都文京区小石川5-21-5
Tel：03-5684-6871　Fax：03-5684-6872
郵便振替　00120-8-142852
toiawase@hituzi.co.jp　http://www.hituzi.co.jp
ISBN4-89476-289-7

造本には充分注意しておりますが、落丁・乱丁などがございましたら、小社かお買い上げ書店にておとりかえいたします。ご意見・ご感想など、小社までお寄せ下されば幸いです。

期待のシリーズ、続々刊行！

国際交流基金 日本語教授法シリーズ【全14巻】
国際交流基金 著　各500～700円（予価）

- 第1巻　日本語教師の役割／コースデザイン
- 第2巻　音声を教える
- 第3巻　文字・語彙を教える
- 第4巻　文法を教える
- 第5巻　聞くことを教える
- 第6巻　話すことを教える
- 第7巻　読むことを教える
- 第8巻　書くことを教える
- 第9巻　初級を教える
- 第10巻　中・上級を教える
- 第11巻　日本事情・日本文化
- 第12巻　学習を評価する
- 第13巻　教え方を改善する
- 第14巻　教材開発

好評発売中！

成長する教師のための日本語教育ガイドブック
川口義一・横溝紳一郎 著　上・下巻　各定価2940円

対人関係構築のコミュニケーション入門
―日本語教師のために
徳井厚子・桝本智子 著　　定価1890円

OPIの考え方に基づいた日本語教授法
―話す能力を高めるために
山内博之 著　　定価2310円